The Gospel of Thomas

Translation from Coptic by

Daniel Deleanu

LogoStar Press

Toronto

ISBN: 978-1-105-37680-1

Printed and bound in the USA.

ⲚⲀⲈⲒ ⲚⲈ Ⲛ̄ϢⲀϪⲈ ⲈⲐⲎⲠ ⲈⲚⲦⲀⲒⲤ̄ ⲈⲦⲞⲚϨ ϪⲞⲞⲨ
ⲀⲨⲰ ⲀϤⲤϨⲀⲒⲤⲞⲨ Ⲛ̄ϬⲒ ⲆⲒⲆⲨⲘⲞⲤ ⲒⲞⲨⲆⲀⲤ ⲐⲰⲘⲀⲤ

These are the hidden words that the living Jesus spoke and Judas Thomas Didymus [the Twin] wrote down.

*

+ (1) ⲀⲨⲰ ⲠⲈϪⲀϤ ϪⲈ ⲠⲈⲦⲀϨⲈ ⲈⲐⲈⲢⲘⲎⲚⲈⲒⲀ
Ⲛ̄ⲚⲈⲈⲒϢⲀϪⲈ ϤⲚⲀ ϪⲒ ϯⲠⲈ ⲀⲚ Ⲙ̄ⲠⲘⲞⲨ

1. He said, “Whosoever discovers the meaning of these words shall not taste death.”

*

ⲫ (2) ⲠⲈϪⲈ ⲒⲤ̄ Ⲙ̄Ⲛ̄ⲦⲢⲈϤ ⲖⲞ Ⲛ̄ϬⲒ ⲠⲈⲦϢⲒⲚⲈ ⲈϤϢⲒⲚⲈ
ϢⲀⲚⲦⲈϤ ϬⲒⲚⲈ ⲀⲨⲰ ϨⲞⲦⲀⲚ ⲈϤϢⲀⲚϬⲒⲚⲈ ϤⲚⲀ
ϢⲦⲢ̄ⲦⲢ̄ ⲀⲨⲰ ⲈϤϢⲀⲚϢⲦⲞⲢⲦⲢ̄ ϤⲚⲀⲢ̄ ϢⲠⲎⲢⲈ ⲀⲨⲰ
ϤⲚⲀⲢ̄ Ⲣ̄ⲢⲞ ⲈϪⲘ̄ ⲠⲦⲎⲢϤ

2. Jesus said, “Let one who seeks not cease from seeking until one finds. When one finds, one will be distressed. When one is distressed, one will wonder and will reign over all.”

*

ⲅ̄ (3) ⲡⲉϫⲉ ⲓ̅ⲥ̅ ϫⲉ ⲉⲩϣⲁ ϫⲟⲟⲥ ⲛⲏⲧⲛ̄ ⲛ̄ϭⲓ ⲛⲉⲧⲥⲱⲕ ϩⲏⲧ ⲧⲏⲩⲧⲛ̄ ϫⲉ ⲉⲓⲥϩⲏⲏⲧⲉ ⲉⲧⲙⲛ̄ⲧⲉⲣⲟ ϩⲛ̄ ⲧⲡⲉ ⲉ ⲉⲓⲉ ⲛ̄ϩⲁⲗⲏⲧ ⲛⲁⲣ̄ ϣⲟⲣⲡ ⲉⲣⲱⲧⲛ̄ ⲛ̄ⲧⲉ ⲧⲡⲉ ⲉⲩϣⲁⲛϫⲟⲟⲥ ⲛⲏⲧⲛ̄ ϫⲉ ⲥϩⲛ̄ ⲑⲁ ⲗⲁⲥⲥⲁ ⲉⲉⲓⲉ ⲛ̄ⲧⲃⲧ ⲛⲁⲣ̄ ϣⲟⲣⲡ ⲉⲣⲱⲧⲛ̄ ⲁⲗⲗⲁ ⲧⲙⲛ̄ⲧⲉⲣⲟ ⲥⲙ̄ⲡⲉⲧⲛ̄ϩⲟⲩⲛ ⲁⲩⲱ ⲥⲙ̄ⲡⲉⲧⲛ̄ⲃⲁⲗ ϩⲟⲧⲁⲛ ⲉⲧⲉⲧⲛ̄ϣⲁⲛ ⲥⲟⲩⲱⲛ ⲧⲏⲩⲧⲛ̄ ⲧⲟⲧⲉ ⲥⲉⲛⲁⲥⲟⲩⲱⲛ ⲧⲏⲛⲉ ⲁⲩⲱ ⲧⲉⲧⲛⲁⲉⲓⲙⲉ ϫⲉ ⲛ̄ⲧⲱⲧⲛ̄ ⲡⲉ ⲛ̄ϣⲏⲣⲉ ⲙ̄ⲡⲉⲓⲱⲧ ⲉⲧⲟⲛϩ ⲉϣⲱⲡⲉ ⲇⲉ ⲧⲉⲧⲛⲁⲥⲟⲩⲱⲛ ⲧⲏⲩⲧⲛ̄ ⲁⲛ ⲉⲉⲓⲉ ⲧⲉⲧⲛ̄ ϣⲟⲟⲡ ϩⲛ̄ ⲟⲩⲙⲛ̄ⲧϩⲏⲕⲉ ⲁⲩⲱ ⲛ̄ⲧⲱⲧⲛ̄ ⲡⲉ ⲧⲙ̄ⲛ̄ⲧϩⲏⲕⲉ

3. Jesus said, “If those who rule over you say unto you, ‘Look, the kingdom is in heaven,’ then the birds of heaven will come before you. If they say unto you, ‘It is in the sea,’ then the fish will come before you. Rather, the kingdom is within you and it is without you. When you know yourselves, then you will be known, and you will realize that you are the children of the living Father. But if you do not know yourselves, then you abide in poverty, and you yourselves are this poverty.”

*

ⲇ̄ (4) ⲡⲉϫⲉ ⲓ̅ⲥ̅ ϥⲛⲁϫⲛⲁⲩ ⲁⲛ ⲛ̄ϭⲓ ⲡⲣⲱⲙⲉ ⲛ̄ϩⲗ̄ⲗⲟ ϩⲛ̄ ⲛⲉϥϩⲟⲟⲩ ⲉϫⲛⲉ ⲟⲩⲕⲟⲩⲉⲓ ⲛ̄ϣⲏⲣⲉ ϣⲏⲙ ⲉϥϩⲛ̄ ⲥⲁϣϥ̄ ⲛ̄ϩⲟⲟⲩ ⲉⲧⲃⲉ ⲡⲧⲟⲡⲟⲥ ⲙ̄ⲡⲱⲛϩ ⲁⲩⲱ ϥⲛⲁⲱⲛϩ ϫⲉ ⲟⲩⲛ̄ ϩⲁϩ ⲛ̄ϣⲟⲣⲡ ⲛⲁⲣ̄ ϩⲁ ⲉ ⲁⲩⲱ ⲛ̄ⲥⲉϣⲱⲡⲉ ⲟⲩⲁ ⲟⲩⲱⲧ

4. Jesus said, “The person who is olden in days will not hesitate to ask an infant of seven days about the abode of

life, and that person shall live. For many of the first will be last and will become one.

*

ⲉ (5) ⲡⲉϫⲉ ⲓ̅ⲥ̅ ⲥⲟⲩⲱⲛ ⲡⲉⲧⲙ̅ⲡⲙ̅ⲧⲟ ⲙ̅ⲡⲉⲕϩⲟ ⲉⲃⲟⲗ ⲁⲩⲱ ⲡⲉⲑⲏⲡ ⲉⲣⲟⲕ ϥⲛⲁϭⲱⲗⲡ ⲉⲃⲟⲗ ⲛⲁⲕ ⲙⲛ̅ ⲗⲁⲁⲩ ⲅⲁⲣ ⲉϥϩⲏⲡ ⲉϥⲛⲁⲟⲩⲱⲛϩ ⲉⲃⲟⲗ ⲁⲛ

5. Jesus said, “Know what lies before your eyes, and what is concealed shall be revealed to you. For there is nothing hidden that will not be disclosed. “

*

ⲋ (6) ⲁⲩϫⲛⲟⲩϥ ⲛ̅ϭⲓ ⲛⲉϥⲙⲁⲑⲏⲧⲏⲥ ⲡⲉϫⲁⲩ ⲛⲁϥ ϫⲉⲕⲟⲩⲱϣ ⲉⲧⲣⲛ̅ⲣ̅ⲛⲏⲥⲧⲉⲩⲉ ⲁⲩⲱ ⲉϣ ⲧⲉ ⲑⲉ ⲉⲛⲁϣⲗⲏⲗ ⲉⲛⲁϯ ⲉⲗⲉ ⲏⲙⲟⲥⲩⲛⲏ ⲁⲩⲱ ⲉⲛⲁⲣ̅ⲡⲁⲣⲁⲧⲏⲣⲉⲓ ⲉⲟⲩ ⲛ̅ϭⲓⲟⲩⲱⲙ ⲡⲉϫⲉ ⲓ̅ⲥ̅ ϫⲉ ⲙ̅ⲡⲣ̅ϫⲉ ϭⲟⲗ ⲁⲩ ⲱ ⲡⲉⲧⲉⲧⲙ̅ⲙⲟⲥⲧⲉ ⲙ̅ⲙⲟϥ ⲙ̅ⲡⲣ̅ⲁⲁϥ ϫⲉ ⲥⲉϭⲟⲗⲡ ⲧⲏⲣⲟⲩ ⲉⲃⲟⲗ ⲙ̅ⲡⲉⲙⲧⲟ ⲉⲃⲟⲗ ⲛ̅ⲧⲡⲉ ⲙⲛ̅ ⲗⲁⲁⲩ ⲅⲁⲣ ⲉϥϩⲏⲡ ⲉϥⲛⲁⲟⲩ ⲱⲛϩ ⲉⲃⲟⲗ ⲁⲛ ⲁⲩⲱ ⲙⲛ̅ ⲗⲁⲁⲩ ⲉϥϩⲟⲃ̅ⲥ̅ ⲉⲩ ⲛⲁϭⲱ ⲟⲩⲉϣⲛ̅ ϭⲟⲗⲡϥ

6. His followers said to him, “Do you want us to fast? How should we pray? Should we give alms? What diet should we keep?”

Jesus said to them, “Lie not and do not what you loathe, for all things are disclosed in the sight of heaven. Truly, there is no thing hidden that will not be revealed, and there is no thing veiled that will not be unveiled.”

*

⳨ (7) ⲡⲉϫⲉ ⲓ̅ⲥ̅ ⲟⲩ ⲙⲁⲕⲁⲣⲓⲟⲥ ⲡⲉ ⲡⲙⲟⲩⲉⲓ ⲡⲁⲉⲓ ⲉⲧⲉ ⲡⲣⲱⲙⲉ ⲛⲁⲟⲩⲟⲙϥ ⲁⲩⲱ ⲛ̅ⲧⲉ ⲡⲙⲟⲩⲉⲓ ϣⲱⲡⲉ ⲣ̅ⲣⲱⲙⲉ ⲁⲩⲱ ϥⲃⲏⲧ ⲛ̅ϭⲓ ⲡⲣⲱ ⲙⲉ ⲡⲁⲉⲓ ⲉⲧⲉ ⲡⲙⲟⲩⲉⲓ ⲛⲁⲟⲩⲟⲙϥ ⲁⲩ ⲱ ⲡⲙⲟⲩⲉⲓ ⲛⲁϣⲱⲡⲉ ⲣ̅ⲣⲱⲙⲉ

7. Jesus said, “Blessed is the lion that man shall eat, so that the lion becomes man. And cursed is the man that the lion shall eat, and the lion becomes man.”

*

ⲙ̀ (8) ⲁⲩⲱ ⲡⲉ ϫⲁϥ ϫⲉ ⲉⲡⲣⲱⲙⲉ ⲧⲛ̅ⲧⲱⲛ ⲁⲩⲟⲩⲱϩⲉ ⲣ̅ⲣⲙⲛ̅ϩⲏⲧ ⲡⲁⲉⲓ ⲛ̅ⲧⲁϩⲛⲟⲩϫⲉ ⲛ̅ⲧⲉϥⲁ ⲃⲱ ⲉⲑⲁⲗⲁⲥⲥⲁ ⲁϥⲥⲱⲕ ⲙ̅ⲙⲟⲥ ⲉϩⲣⲁⲓ ϩⲛ̅ ⲑⲁⲗⲁⲥⲥⲁ ⲉⲥⲙⲉϩ ⲛ̅ⲧⲃⲧ ⲛ̅ⲕⲟⲩⲉⲓ ⲛ̅ ϩⲣⲁⲓ ⲛ̅ϩⲏⲧⲟⲩ ⲁϥϩⲉ ⲁⲩⲛⲟϭ ⲛ̅ⲧⲃ̅ⲧ̅ ⲉⲛⲁ ⲛⲟⲩϥ ⲛ̅ϭⲓ ⲡⲟⲩⲱϩⲉ ⲣ̅ⲣⲙⲛ̅ϩⲏⲧ ⲁϥⲛⲟⲩ ϫⲉ ⲛ̅ⲛ̅ⲕⲟⲩⲉⲓ ⲧⲏⲣⲟⲩ ⲛ̅ⲧⲃⲧ ⲉⲃⲟⲗ ⲉ[ⲡⲉ] ⲥⲏⲧ ⲉⲑⲁⲗⲁⲥⲥⲁ ⲁϥⲥⲱⲧⲡ ⲙ̅ⲡⲛⲟϭ ⲛ̅ ⲧⲃ̅ⲧ̅ ⲭⲱⲣⲓⲥ ϩⲓⲥⲉ ⲡⲉⲧⲉ ⲟⲩⲛ̅ ⲙⲁⲁϫⲉ ⲙ̅ⲙⲟϥ ⲉⲥⲱⲧⲙ̅ ⲙⲁⲣⲉϥⲥⲱⲧⲙ̅

8. Jesus said, “Humankind is even as a wise fisherman who cast his net into the sea and drew it up from the sea full of small fish. Among them, the fisherman found a fine large fish. He threw all small fish back into the sea, and without hesitation chose the large, good fish. Whosoever has ears to hear, let him hear.”

*

ⲛ̀ (9) ⲡⲉϫⲉ ⲓ̅ⲥ̅ ϫⲉ ⲉⲓⲥϩⲏ ⲏⲧⲉ ⲁϥⲉⲓ ⲉⲃⲟⲗ ⲛ̅ϭⲓ ⲡⲉⲧⲥⲓⲧⲉ ⲁϥⲙⲉϩ ⲧⲟⲟⲧ̅ϥ̅ ⲁϥⲛⲟⲩϫⲉ ⲁϩⲟⲉⲓⲛⲉ ⲙⲉⲛ ϩⲉ ⲉϫⲛ̅ ⲧⲉϩⲓⲏ ⲁⲩⲉⲓ ⲛ̅ϭⲓ ⲛ̅ϩⲁⲗⲁⲧⲉ ⲁⲩⲕⲁⲧϥⲟⲩ ϩⲛ̅ⲕⲟⲟⲩⲉ ⲁⲩϩⲉ ⲉϫⲛ̅ ⲧⲡⲉⲧⲣⲁ ⲁⲩⲱ ⲙ̅ⲡⲟⲩϫⲉ ⲛⲟⲩⲛⲉ ⲉⲡⲉⲥⲏⲧ ⲉⲡⲕⲁϩ ⲁⲩⲱ ⲙ̅ⲡⲟⲩⲧⲉⲩⲉ ϩⲙ̅ⲥ̅ ⲉϩ ⲣⲁⲓ ⲉⲧⲡⲉ ⲁⲩⲱ ϩⲛ̅ⲕⲟⲟⲩⲉ ⲁⲩϩⲉ ⲉϫⲛ̅ ⲛ̅ϣⲟⲛ ⲧⲉ ⲁⲩⲱϭⲧ ⲙ̅ⲡⲉϭⲣⲟϭ ⲁⲩⲱ ⲁⲡϥⲛ̅ⲧ ⲟⲩⲟⲙⲟⲩ ⲁⲩⲱ ⲁϩⲛ̅ⲕⲟⲟⲩⲉ ϩⲉ ⲉϫⲛ̅ ⲡⲕⲁϩ ⲉⲧⲛⲁⲛⲟⲩϥ ⲁⲩⲱ ⲁϥϯ ⲕⲁⲣⲡⲟⲥ ⲉϩⲣⲁⲓ ⲉⲧⲡⲉ ⲉⲛⲁⲛⲟⲩϥ ⲁϥ ⲉⲓ ⲛ̅ⲥⲉ ⲉⲥⲟⲧⲉ ⲁⲩⲱ ϣⲉϫⲟⲩⲱⲧ ⲉⲥⲟⲧⲉ

9. Jesus said, “Behold, the sower went out, took a handful of seeds, and sowed. Some of the seeds fell on the road, and the birds came and gathered them up. Others fell on rock and did not take root in the earth and produced not. Others fell on thorns, and they chocked the seeds, and worms ate them. But others fell on good soil and brought forth a good crop: they yielded sixty per measure, and one hundred and twenty per measure.”

*

+· (10) ⲡⲉϫⲉ ⲓ̅ⲥ̅ ϫⲉ ⲁⲉⲓⲛⲟⲩϫⲉ ⲛ̅ⲟⲩⲕⲱϩ̅ⲧ ⲉϫⲛ̅ ⲡⲕⲟⲥⲙⲟⲥ ⲁⲩⲱ ⲉⲓⲥϩⲏⲏⲧⲉ ϯⲁⲣⲉϩ ⲉⲣⲟϥ ϣⲁⲛⲧⲉϥϫⲉⲣⲟ

10. Jesus said, “I have cast fire upon the world, and, behold, I am watching it until it is ablaze.”

*

++ (11) ⲡⲉϫⲉ ⲓ̅ⲥ̅ ϫⲉ ⲧⲉⲉⲓⲡⲉ ⲛⲁⲣ̅ⲡⲁ ⲣⲁⲅⲉ ⲁⲩⲱ ⲧⲉⲧⲛ̅ⲧⲡⲉ ⲙ̅ⲙⲟⲥ ⲛⲁⲣ̅ⲡⲁⲣⲁⲅⲉ ⲁⲩⲱ ⲛⲉⲧⲙⲟⲟⲩⲧ ⲥⲉⲟⲛϩ_ ⲁⲛ ⲁⲩⲱ ⲛⲉⲧⲟⲛϩ ⲥⲉⲛⲁⲙⲟⲩ_ ⲁⲛ ⲛ̅ϩⲟⲟⲩ ⲛⲉⲧⲉⲧⲛ̅ⲟⲩⲱⲙ ⲙ̅ⲡⲉⲧⲙⲟⲟⲩⲧ_ ⲛⲉⲧⲉⲧⲛ̅ⲉⲓⲣⲉ_ ⲙ̅ⲙⲟϥ ⲙ̅ⲡⲉ ⲧⲟⲛϩ ϩⲟⲧⲁⲛ ⲉⲧⲉⲧⲛ̅ϣⲁⲛϣⲱⲡⲉ ϩⲙ̅ ⲡⲟⲩ ⲟⲉⲓⲛ_ⲟⲩ ⲡⲉⲧⲉⲧⲛⲁⲁⲁϥ ϩⲙ̅ ⲫⲟⲟⲩ ⲉⲧⲉⲧⲛ̅ ⲟ ⲛ̅ⲟⲩⲁ ⲁⲧⲉⲧⲛ̅ⲉⲓⲣⲉ ⲙ̅ⲡⲥⲛⲁⲩ_ϩⲟⲧⲁⲛ ⲇⲉ ⲉⲧⲉⲧⲛ̅ϣⲁϣⲱⲡⲉ ⲛ̅ⲥⲛⲁⲩ ⲟⲩ ⲡⲉ ⲉⲧⲉ ⲧⲛ̅ⲛⲁⲁⲁϥ

11. Jesus said, “This heaven will pass away, and that which lies above it will pass away too. The dead have no life, and the living will not lose their life. In the days when you ate what was dead, you made it alive. When you enter the light, what will you do? On the day when you were one, you became two. But when you become two, what will you do?

*

+ϥ (12) ⲡⲉϫⲉ ⲙ̅ⲙⲁⲑⲏⲧⲏⲥ ⲛ̅ⲓ̅ⲥ̅ ϫⲉ ⲧⲛ̅ ⲥⲟⲟⲩⲛ ϫⲉ ⲕⲛⲁⲃⲱⲕ ⲛ̅ⲧⲟⲟⲧⲛ̅ ⲛⲓⲙ ⲡⲉ ⲉⲧⲛⲁⲣ̅ ⲛⲟϭ ⲉϩⲣⲁⲓ ⲉϫⲱⲛ ⲡⲉϫⲉ ⲓ̅ⲥ̅ ⲛⲁⲩ ϫⲉ ⲡⲙⲁ ⲛ̅ⲧⲁⲧⲉⲧⲛ̅ⲉⲓ ⲙ̅ⲙⲁⲩ ⲉⲧⲉⲧⲛⲁ ⲃⲱⲕ ϣⲁ ⲓⲁⲕⲱⲃⲟⲥ ⲡⲇⲓⲕⲁⲓⲟⲥ ⲡⲁⲉⲓ ⲛ̅ⲧⲁ ⲧⲡⲉ ⲙⲛ̅ ⲡⲕⲁϩ ϣⲱⲡⲉ ⲉⲧⲃⲏⲧϥ̅

12. The followers said to Jesus, “We know that you will leave us. Who will be our leader? “

Jesus said to them, “Wherever you are, you are to go to James the Just, because both heaven and earth came into being for him.

*

+ⲝ (13) ⲡⲉϫⲉ ⲓ̄ⲥ̄ ⲛ̄ⲛⲉϥⲙⲁⲑⲏⲧⲏⲥ ϫⲉ ⲧⲛ̄ⲧⲱⲛⲧ ⲛ̄ⲧⲉⲧⲛ̄ ϫⲟⲟⲥ ⲛⲁⲉⲓ ϫⲉ ⲉⲉⲓⲛⲉ ⲛ̄ⲛⲓⲙ ⲡⲉϫⲁϥ ⲛⲁϥ ⲛ̄ϭⲓ ⲥⲓⲙⲱⲛ ⲡⲉⲧⲣⲟⲥ ϫⲉ ⲉⲕⲉⲓⲛⲉ ⲛ̄ⲟⲩⲁⲅ ⲅⲉⲗⲟⲥ ⲛ̄ⲇⲓⲕⲁⲓⲟⲥ ⲡⲉϫⲁϥ ⲛⲁϥ ⲛ̄ϭⲓ ⲙⲁⲑ ⲑⲁⲓⲟⲥ ϫⲉ ⲉⲕⲉⲓⲛⲉ ⲛ̄ⲟⲩⲣⲱⲙⲉ ⲙ̄ⲫⲓⲗⲟⲥⲟ ⲫⲟⲥ ⲛ̄ⲣⲙ̄ⲛ̄ϩⲏⲧ ⲡⲉϫⲁϥ ⲛⲁϥ ⲛ̄ϭⲓ ⲑⲱⲙⲁⲥ ϫⲉ ⲡⲥⲁϩ ϩⲟⲗⲱⲥ ⲧⲁⲧⲁⲡⲣⲟ ⲛⲁϣϣⲁⲡϥ ⲁⲛ ⲉⲧⲣⲁϫⲟⲟⲥ ϫⲉ ⲉⲕⲉⲓⲛⲉ ⲛ̄ⲛⲓⲙ ⲡⲉϫⲉ ⲓ̄ⲏ̄ⲥ̄ ϫⲉ ⲁⲛⲟⲕ ⲡⲉⲕⲥⲁϩ ⲁⲛ ⲉⲡⲉⲓ ⲁⲕⲥⲱ ⲁⲕϯϩⲉ ⲉⲃⲟⲗ ϩⲛ̄ ⲧⲡⲏⲅⲏ ⲉⲧⲃⲣ̄ⲃⲣⲉ ⲧⲁⲉⲓ ⲁⲛⲟⲕ ⲛ̄ⲧⲁⲉⲓϣⲓⲧⲥ̄ ⲁⲩⲱ ⲁϥϫⲓⲧϥ̄ ⲁϥⲁⲛⲁⲭⲱⲣⲉⲓ ⲁϥϫⲱ ⲛⲁϥ ⲛ̄ϣⲟⲙⲧ ⲛ̄ϣⲁϫⲉ ⲛ̄ⲧⲁⲣⲉ ⲑⲱ ⲙⲁⲥ ⲇⲉ ⲉⲓ ϣⲁ ⲛⲉϥϣⲃⲉⲉⲣ ⲁⲩϫⲛⲟⲩϥ ϫⲉ ⲛ̄ⲧⲁ ⲓ̄ⲥ̄ ϫⲟⲟⲥ ϫⲉ ⲟⲩ ⲛⲁⲕ ⲡⲉϫⲁϥ ⲛⲁⲩ ⲛ̄ϭⲓ ⲑⲱⲙⲁⲥ ϫⲉ ⲉⲓϣⲁⲛϫⲱ ⲛⲏⲧⲛ̄ ⲟⲩⲁ ϩⲛ̄ ⲛ̄ϣⲁ ϫⲉ ⲛ̄ⲧⲁϥϫⲟⲟⲩ ⲛⲁⲉⲓ ⲧⲉⲧⲛⲁϥⲓ ⲱⲛⲉ ⲛ̄ⲧⲉ ⲧⲛ̄ⲛⲟⲩϫⲉ ⲉⲣⲟⲉⲓ ⲁⲩⲱ ⲛ̄ⲧⲉ ⲟⲩⲕⲱϩⲧ ⲉⲓ ⲉ ⲃⲟⲗ ϩⲛ̄ ⲛ̄ⲱⲛⲉ ⲛ̄ⲥⲣⲱϩⲕ ⲙ̄ⲙⲱⲧⲛ̄

13. Jesus said to his disciples, “Compare me to something and tell me what I am like.”

Simon Peter said to him, “You are even as a righteous messenger; you are like an angel.”

Matthew said to him, “You are even as a wise philosopher; you are like a sage.”

Thomas said to him, “Teacher, master, my mouth is utterly incapable of saying what you are like.”

Jesus said, “I am neither your teacher nor your master. Because you have drunk, you are now intoxicated from the bubbling spring that I measured out.”

And he took Thomas, and withdrew with him, and spoke three words to him.

When Thomas came back to his companions, they asked him, “What did Jesus say to you?”

Thomas said to them, “If I tell you one of the words he spoke to me, you will pick up stones and throw them at me, and fire will come from them and will consume you.”

*

+ϧ (14) ⲡⲉϫⲉ ⲓ̅ⲥ̅ ⲛⲁⲩ ϫⲉ ⲉⲧⲉⲧⲛ̅ϣⲁⲛⲣ̅ⲛⲏⲥⲧⲉⲩⲉ ⲧⲉⲧⲛⲁ ϫⲡⲟ ⲛⲏⲧⲛ̅ ⲛ̅ⲛⲟⲩⲛⲟⲃⲉ ⲁⲩⲱ ⲉⲧⲉⲧⲛ̅ϣⲁⲛ ϣⲗⲏⲗ ⲥⲉⲛⲁⲣ̅ⲕⲁⲧⲁⲕⲣⲓⲛⲉ ⲙ̅ⲙⲱⲧⲛ̅ ⲁⲩⲱ ⲉⲧⲉⲧⲛ̅ϣⲁⲛϯ ⲉⲗⲉⲏⲙⲟⲥⲩⲛⲏ ⲉⲧⲉⲧⲛⲁⲉⲓ ⲣⲉ ⲛ̅ⲟⲩⲕⲁⲕⲟⲛ ⲛ̅ⲛⲉⲧⲙ̅ⲡ̅ⲛ̅ⲁ̅ ⲁⲩⲱ ⲉⲧⲉⲧⲛ̅ ϣⲁⲛⲃⲱⲕ ⲉϩⲟⲩⲛ ⲉⲕⲁϩ ⲛⲓⲙ ⲁⲩⲱ ⲛ̅ⲧⲉⲧⲙ̅ ⲙⲟⲟϣⲉ ϩⲛ̅ ⲛ̅ⲭⲱⲣⲁ ⲉⲩϣⲁⲣ̅ⲡⲁⲣⲁⲇⲉⲭⲉ ⲙ̅ⲙⲱⲧⲛ̅ ⲡⲉⲧⲟⲩⲛⲁⲕⲁⲁϥ ϩⲁⲣⲱⲧⲛ̅ ⲟⲩⲟⲙϥ̅ ⲛⲉⲧϣⲱⲛⲉ ⲛ̅ϩⲏⲧⲟⲩ ⲉⲣⲓⲑⲉⲣⲁⲡⲉⲩⲉ ⲙ̅ⲙⲟ ⲟⲩ ⲡⲉⲧⲛⲁⲃⲱⲕ ⲅⲁⲣ ⲉϩⲟⲩⲛ ϩⲛ̅ ⲧⲉⲧⲛ̅ⲧⲁ ⲡⲣⲟ ϥⲛⲁϫⲱϩⲙ̅ ⲧⲏⲩⲧⲛ̅ ⲁⲛ ⲁⲗⲗⲁ ⲡⲉⲧⲛ̅ ⲛⲏⲩ ⲉⲃⲟⲗ ϩⲛ̅ ⲧⲉⲧⲛ̅ⲧⲁⲡⲣⲟ ⲛ̅ⲧⲟϥ ⲡⲉ ⲧⲛⲁϫⲁϩⲙ̅ ⲧⲏⲩⲧⲛ̅

14. Jesus said to them, “If you fast, you shall bring sin upon yourselves, and if you pray, you shall condemn yourselves, and if you give alms, you shall harm your spirits. When you enter a land and walk its provinces, if people receive you, eat whatever they give you and heal the sick among them. For what goes into your mouth will not defile you, but what comes out of your mouth will defile you.”

*

+ⲋ (15) ⲡⲉϫⲉ ⲓ̅ⲥ̅ ϫⲉ ϩⲟⲧⲁⲛ ⲉⲧⲉⲧⲛ̅ϣⲁⲛⲛⲁⲩ ⲉⲡⲉⲧⲉ ⲙ̅ⲡⲟⲩϫⲡⲟϥ ⲉⲃⲟⲗ ϩⲛ̅ ⲧⲥϩⲓⲙⲉ ⲡⲉϩⲧ ⲧⲏⲩⲧⲛ̅ ⲉϫⲙ̅ ⲡⲉⲧⲛ̅ϩⲟ ⲛ̅ⲧⲉⲧⲛ̅ⲟⲩⲱϣⲧ ⲛⲁϥ ⲡⲉⲧⲙ̅ ⲙⲁⲩ ⲡⲉ ⲡⲉⲧⲛ̅ⲉⲓⲱⲧ

15. Jesus said, “When you see one who was not born of woman, fall on your faces and worship him, for that one is your Father.”

*

+ϛ (16) ⲡⲉϫⲉ ⲓ̅ⲥ̅ ϫⲉ ⲧⲁϫⲁ ⲉⲩⲙⲉⲉⲩⲉ ⲛ̅ϭⲓ ⲣ̅ⲣⲱⲙⲉ ϫⲉ ⲛ̅ⲧⲁⲉⲓⲉⲓ ⲉⲛⲟⲩ ϫⲉ ⲛ̅ⲟⲩⲉⲓⲣⲏⲛⲏ ⲉϫⲙ̅ ⲡⲕⲟⲥⲙⲟⲥ ⲁⲩⲱ ⲥⲉⲥⲟⲟⲩⲛ ⲁⲛ ϫⲉ ⲛ̅ⲧⲁⲉⲓⲉⲓ ⲁⲛⲟⲩϫⲉ ⲛ̅ϩⲛ̅ ⲡⲱⲣϫ ⲉϫⲛ̅ ⲡⲕⲁϩ ⲟⲩⲕⲱϩⲧ ⲟⲩⲥⲏϥⲉ ⲟⲩⲡⲟⲗⲉⲙⲟⲥ ⲟⲩⲛ̅ ϯⲟⲩ ⲅⲁⲣ ⲛⲁϣⲱⲡⲉ ϩⲛ̅ ⲟⲩⲏⲉⲓ ⲟⲩⲛ̅ ϣⲟⲙⲧ ⲛⲁϣⲱⲡⲉ ⲉϫⲛ̅ ⲥⲛⲁⲩ ⲁⲩⲱ ⲥⲛⲁⲩ ⲉϫⲛ̅ ϣⲟⲙⲧ ⲡⲉⲓⲱⲧ ⲉϫⲙ̅ ⲡϣⲏⲣⲉ ⲁⲩⲱ ⲡϣⲏⲣⲉ ⲉϫⲙ̅ ⲡⲉⲓⲱⲧ ⲁⲩⲱ ⲥⲉⲛⲁⲱϩⲉ ⲉⲣⲁⲧⲟⲩ ⲉⲩⲟ ⲙ̅ⲙⲟⲛⲁ ⲭⲟⲥ

16. Jesus said, “People believe perchance that I have come to impose peace upon the world. If so, they know not it is discord I have come to cast upon the earth: fire, sword, war. For there will be five in a house: there will be three against two and two against three, the father against the son and the son against the father, and they shall stand alone.”

*

+ⲣ (17) ⲡⲉϫⲉ ⲓ̅ⲥ̅ ϫⲉ ϯⲛⲁϯ ⲛⲏⲧⲛ̅ ⲙ̅ⲡⲉⲧⲉ ⲙ̅ⲡⲉⲃⲁⲗ ⲛⲁⲩ ⲉⲣⲟϥ ⲁⲩⲱ ⲡⲉⲧⲉ ⲙ̅ⲡⲉ ⲙⲁ ⲁϫⲉ ⲥⲟⲧⲙⲉϥ ⲁⲩⲱ ⲡⲉⲧⲉ ⲙ̅ⲡⲉ ϭⲓϫ ϭⲙ̅ ϭⲱⲙϥ̅ ⲁⲩⲱ ⲙ̅ⲡⲉϥⲉⲓ ⲉϩⲣⲁⲓ ϩⲓ ⲫⲏⲧ ⲣ̅ⲣⲱⲙⲉ

17. Jesus said, “I shall give you what no eye has seen, what no ear has heard, what no hand has touched, what has not yet entered the human heart.”

*

+ⲙ̀ (18) ⲡⲉϫⲉ ⲙ̄ⲙⲁⲑⲏⲧⲏⲥ ⲛ̄ⲓ̄ⲥ̄ ϫⲉ ϫⲟ ⲟⲥ ⲉⲣⲟⲛ ϫⲉ ⲧⲛ̄ϩⲁⲏ ⲉⲥⲛⲁϣⲱⲡⲉ ⲛ̄ ⲁϣ ⲛ̄ϩⲉ ⲡⲉϫⲉ ⲓ̄ⲥ̄ ⲁⲧⲉⲧⲛ̄ϭⲱⲗⲡ ⲅⲁⲣ ⲉⲃⲟⲗ ⲛ̄ⲧⲁⲣⲭⲏ ϫⲉⲕⲁⲁⲥ ⲉⲧⲉⲧⲛⲁϣⲓⲛⲉ ⲛ̄ⲥⲁ ⲑⲁϩⲏ ϫⲉ ϩⲙ̄ ⲡⲙⲁ ⲉⲧⲉ ⲧⲁⲣⲭⲏ ⲙ̄ⲙⲁⲩ ⲉ ⲑⲁϩⲏ ⲛⲁϣⲱⲡⲉ ⲙ̄ⲙⲁⲩ ⲟⲩⲙⲁⲕⲁⲣⲓⲟⲥ ⲡⲉⲧⲛⲁⲱϩⲉ ⲉⲣⲁⲧϥ ϩⲛ̄ ⲧⲁⲣⲭⲏ ⲁⲩⲱ ϥⲛⲁⲥⲟⲩⲱⲛ ⲑϩⲁⲏ ⲁⲩⲱ ϥⲛⲁϫⲓ ϯⲡⲉ ⲁⲛ ⲙ̄ⲙⲟⲩ

18. The disciples said to Jesus, “Tell us how our end will come.”

Jesus said, “Have you discovered the beginning, so that you are seeking the end? For in the place where the beginning is, there the end will be. Blessed is one who will stand at the beginning: That person will know the end and will not taste death.”

*

+ⲛ̀ (19) ⲡⲉϫⲉ ⲓ̄ⲥ̄ ϫⲉ ⲟⲩⲙⲁⲕⲁⲣⲓⲟⲥ ⲡⲉ ⲛ̄ⲧⲁϩϣⲱⲡⲉ ϩⲁ ⲧⲉϩⲏ ⲉⲙⲡⲁⲧⲉϥϣⲱ ⲡⲉ ⲉⲧⲉⲧⲛ̄ϣⲁⲛϣⲱⲡⲉ ⲛⲁⲉⲓ ⲙ̄ⲙⲁⲑⲏ ⲧⲏⲥ ⲛ̄ⲧⲉⲧⲛ̄ⲥⲱⲧⲙ̄ ⲁⲛⲁϣⲁϫⲉ ⲛⲉⲉⲓⲱ ⲛⲉ ⲛⲁⲣ̄ⲇⲓⲁⲕⲟⲛⲉⲓ ⲛⲏⲧⲛ̄ ⲟⲩⲛ̄ⲧⲏⲧⲛ̄ ⲅⲁⲣ ⲙ̄ⲙⲁⲩ ⲛ̄ϯⲟⲩ ⲛ̄ϣⲏⲛ ϩⲙ̄ ⲡⲁⲣⲁ ⲇⲓⲥⲟⲥ ⲉⲥⲉⲕⲓⲙ ⲁⲛ ⲛ̄ϣⲱⲙ ⲙ̄ⲡⲣⲱ ⲁⲩⲱ ⲙⲁⲣⲉ ⲛⲟⲩϭⲱⲃⲉ ϩⲉ ⲉⲃⲟⲗ ⲡⲉⲧ ⲛⲁⲥⲟⲩⲱⲛⲟⲩ ϥⲛⲁϫⲓ ϯⲡⲉ ⲁⲛ ⲙ̄ⲙⲟⲩ

19. Jesus said, “Blessed is one who came into being before he was created. If you become my followers and hear my words, these stones shall be your servants. For there are five trees in heaven that change not, summer or winter, and their leaves fall not. Whosoever knows them shall not taste death.”

*

ϥ· (20) ⲡⲉϫⲉ ⲙ̅ⲙⲁⲑⲏⲧⲏⲥ ⲛ̅ⲓ̅ⲥ̅ ϫⲉ ϫⲟⲟⲥ ⲉⲣⲟⲛ ϫⲉ
ⲧⲙ̅ⲛ̅ⲧⲉⲣⲟ ⲛ̅ⲙ̅ⲡⲏⲩⲉ ⲉⲥ ⲧⲛ̅ⲧⲱⲛ ⲉⲛⲓⲙ ⲡⲉϫⲁϥ ⲛⲁⲩ
ϫⲉ ⲉⲥⲧⲛ̅ ⲧⲱⲛ ⲁⲩⲃ̅ⲗ̅ⲃⲓⲗⲉ ⲛ̅ϣ̅ⲗ̅ⲧⲁⲙ [ⲥ]ⲥⲟⲃ̅ⲕ̅ ⲡⲁ ⲣⲁ
ⲛ̅ϭⲣⲟϭ ⲧⲏⲣⲟⲩ ϩⲟⲧⲁⲛ ⲇⲉ ⲉⲥϣⲁⲛ ϩⲉ ⲉϫⲙ̅ ⲡⲕⲁϩ
ⲉⲧⲟⲩⲣ̅ ϩⲱⲃ ⲉⲣⲟϥ ϣⲁϥ ⲧⲉⲩⲟ ⲉⲃⲟⲗ ⲛ̅ⲛⲟⲩⲛⲟϭ
ⲛ̅ⲧⲁⲣ ⲛ̅ϥϣⲱ ⲡⲉ ⲛ̅ⲥⲕⲉⲡⲏ ⲛ̅ϩⲁⲗⲁⲧⲉ ⲛ̅ⲧⲡⲉ

20. The disciples said to Jesus, "Tell us, what is the kingdom of heaven like?"

He said to them, "It is even as a mustard seed, the smallest of all seeds. But when it falls on cultivated soil, it produces a large branch and becomes a shelter for the birds of heaven."

*

ϥϯ (21) ⲡⲉϫⲉ ⲙⲁⲣⲓϩⲁⲙ ⲛ̅ⲓ̅ⲥ̅ ϫⲉ ⲉⲛⲉⲕⲙⲁⲑⲏ ⲧⲏⲥ
ⲉⲓⲛⲉ ⲛ̅ⲛⲓⲙ ⲡⲉϫⲁϥ ϫⲉ ⲉⲩⲉⲓⲛⲉ ⲛ̅ϩⲛ̅ϣⲏⲣⲉ ϣⲏⲙ
ⲉⲩϭⲉⲗⲓⲧ ⲁⲩⲥⲱϣⲉ ⲉⲧⲱ ⲟⲩ ⲁⲛ ⲧⲉ ϩⲟⲧⲁⲛ
ⲉⲩϣⲁⲉⲓ ⲛ̅ϭⲓ ⲛ̅ϫⲟⲉⲓⲥ ⲛ̅ⲧⲥⲱϣⲉ ⲥⲉⲛⲁϫⲟⲟⲥ ϫⲉ ⲕⲉ
ⲧⲛ̅ⲥⲱϣⲉ ⲉⲃⲟⲗ ⲛⲁⲛ ⲛ̅ⲧⲟⲟⲩ ⲥⲉⲕⲁⲕⲁϩⲏⲩ ⲙ̅ⲡⲟⲩⲙ̅
ⲧⲟ ⲉⲃⲟⲗ ⲉⲧⲣⲟⲩⲕⲁⲁⲥ ⲉⲃⲟⲗ ⲛⲁⲩ ⲛ̅ⲥⲉϯ ⲧⲟⲩ
ⲥⲱϣⲉ ⲛⲁⲩ ⲇⲓⲁ ⲧⲟⲩⲧⲟ ϯϫⲱ ⲙ̅ⲙⲟⲥ ϫⲉ ⲉϥ
ϣⲁⲉⲓⲙⲉ ⲛ̅ϭⲓ ⲡϫⲉⲥϩⲛ̅ⲏⲉⲓ ϫⲉ ϥⲛⲏⲩ ⲛ̅ϭⲓ
ⲡⲣⲉϥϫⲓⲟⲩⲉ ϥⲛⲁⲣⲟⲉⲓⲥ ⲉⲙⲡⲁⲧⲉϥⲉⲓ ⲛ̅ϥⲧⲙ̅ ⲕⲁⲁϥ
ⲉϣⲟϫⲧ ⲉϩⲟⲩⲛ ⲉⲡⲉϥⲏⲉⲓ ⲛ̅ⲧⲉ ⲧⲉϥ ⲙⲛ̅ⲧⲉⲣⲟ
ⲉⲧⲣⲉϥϥⲓ ⲛ̅ⲛⲉϥⲥⲕⲉⲩⲟⲥ ⲛ̅ⲧⲱⲧⲛ̅ ⲇⲉ ⲣⲟⲉⲓⲥ ϩⲁ
ⲧⲉϩⲏ ⲙ̅ⲡⲕⲟⲥⲙⲟⲥ ⲙⲟⲩⲣ ⲙ̅ ⲙⲱⲧⲛ̅ ⲉϫⲛ̅ ⲛⲉⲧⲛ̅ϯⲡⲉ
ϩⲛ̅ⲛⲟⲩⲛⲟϭ ⲛ̅ⲇⲩ ⲛⲁⲙⲓⲥ ϣⲓⲛⲁ ϫⲉ ⲛⲉ ⲛⲗⲏⲥⲧⲏⲥ
ϩⲉ ⲉϩⲓⲏ ⲉⲉⲓ ϣⲁⲣⲱⲧⲛ̅ ⲉⲡⲉⲓ ⲧⲉϫⲣⲉⲓⲁ
ⲉⲧⲉⲧⲛ̅ϭⲱϣⲧ ⲉⲃⲟⲗ ϩⲏⲧⲥ̅ ⲥⲉⲛⲁϩⲉ ⲉⲣⲟⲥ
ⲙⲁⲣⲉϥϣⲱⲡⲉ ϩⲛ̅ ⲧⲉⲧⲛ̅ⲙⲏⲧⲉ ⲛ̅ϭⲓ ⲟⲩⲣⲱⲙⲉ
ⲛ̅ⲉⲡⲓⲥⲧⲏ ⲙⲱⲛ ⲛ̅ⲧⲁⲣⲉ ⲡⲕⲁⲣⲡⲟⲥ ⲡⲱϩ ⲁϥⲉⲓ

ϩⲛⲛⲟⲩ ϭⲉⲡⲏ ⲉⲡⲉϥⲁⲥϩ ϩⲛ ⲧⲉϥϭⲓϫ ⲁϥϩⲁⲥϥ ⲡⲉ ⲧⲉ ⲟⲩⲛ̄ ⲙⲁⲁϫⲉ ⲙ̄ⲙⲟϥ ⲉⲥⲱⲧⲙ̄ ⲙⲁⲣⲉϥⲥⲱⲧⲙ̄

21. Mary said to Jesus, “What are your followers like?”

He said, “They are even as small children abiding in a field that is not theirs. When the owners of the field come, they will say to the children, “Let us have our field back.” The disciples take off their clothes in front of the owners and return the field to them.

For this reason I say, if the owner of a house knows that a thief is coming, he will stay awake and will not let the thief break into the house and carry away his possessions.

You must be on guard against the world. Arm yourselves with great might and valour lest the robbers find a way to get to you, for the troubles you expect will one day come upon you. Let there be one who understands among you.

When the crop ripened, the owner came in a hurry with a sickle in his hand and reaped it. Whosoever has ears to hear, let him hear.”

*

ψψ (22) ⲁⲓ̄ⲥ̄ ⲛⲁⲩ ⲁϩⲛ̄ⲕⲟⲩⲉⲓ ⲉⲩϫⲓ ⲉⲣⲱⲧⲉ ⲡⲉϫⲁϥ ⲛ̄ ⲛⲉϥⲙⲁⲑⲏⲧⲏⲥ ϫⲉ ⲛⲉⲉⲓⲕⲟⲩⲉⲓ ⲉⲧϫⲓ ⲉⲣⲱ ⲧⲉ ⲉⲩⲧⲛ̄ⲧⲱⲛ ⲁⲛⲉⲧⲃⲏⲕ ⲉϩⲟⲩⲛ ⲁⲧⲙⲛ̄ ⲧⲉⲣⲟ ⲡⲉϫⲁⲩ ⲛⲁϥ ϫⲉ ⲉⲉⲓⲉⲛⲟ ⲛ̄ⲕⲟⲩⲉⲓ ⲧⲛ̄ ⲛⲁⲃⲱⲕ ⲉϩⲟⲩⲛ ⲉⲧⲙⲛ̄ⲧⲉⲣⲟ ⲡⲉϫⲉ ⲓ̄ⲏ̄ⲥ̄ ⲛⲁⲩ ϫⲉ ϩⲟⲧⲁⲛ ⲉⲧⲉⲧⲛ̄ϣⲁⲣ̄ ⲡⲥⲛⲁⲩ ⲟⲩⲁ ⲁⲩⲱ ⲉ ⲧⲉⲧⲛ̄ϣⲁⲣ̄ ⲡⲥⲁ ⲛϩⲟⲩⲛ ⲛ̄ⲑⲉ ⲙ̄ⲡⲥⲁ ⲛⲃⲟⲗ ⲁⲩⲱ ⲡⲥⲁ ⲛⲃⲟⲗ ⲛ̄ⲑⲉ ⲙ̄ⲡⲥⲁ ⲛϩⲟⲩⲛ ⲁⲩⲱ ⲡⲥⲁ ⲛ ⲧⲡⲉ ⲛ̄ⲑⲉ ⲙ̄ⲡⲥⲁ ⲙⲡⲓⲧⲛ̄ ⲁⲩⲱ ϣⲓⲛⲁ ⲉⲧⲉ ⲧⲛⲁⲉⲓⲣⲉ ⲙ̄ⲫⲟⲟⲩⲧ ⲙⲛ̄ ⲧⲥϩⲓⲙⲉ ⲙ̄ⲡⲓⲟⲩⲁ ⲟⲩⲱⲧ ϫⲉⲕⲁⲁⲥ ⲛⲉ ⲫⲟⲟⲩⲧ ⲣ̄ ϩⲟⲟⲩⲧ ⲛⲧⲉ ⲧⲥϩⲓⲙⲉ ⲣ̄ ⲥϩⲓⲙⲉ ϩⲟⲧⲁⲛ ⲉⲧⲉⲧⲛ̄ϣⲁⲉⲓⲣⲉ ⲛ̄ϩⲛ̄ⲃⲁⲗ ⲉⲡⲙⲁ ⲛ̄ⲟⲩⲃⲁⲗ ⲁⲩⲱ ⲟⲩϭⲓϫ ⲉⲡⲙⲁ ⲛ̄ⲛⲟⲩϭⲓϫ ⲁⲩⲱ ⲟⲩⲉⲣⲏⲧⲉ ⲉⲡⲙⲁ ⲛ̄ⲟⲩⲉⲣⲏⲧⲉ ⲟⲩϩⲓⲕⲱⲛ ⲉⲡⲙⲁ ⲛ̄ⲟⲩϩⲓⲕⲱⲛ ⲧⲟⲧⲉ ⲧⲉⲧⲛⲁⲃⲱⲕ ⲉϩⲟⲩⲛ ⲉ[ⲧ]ⲙⲛ̄[ⲧⲉⲣ]ⲟ

22. Jesus saw some babies being nursed and said to his followers, “These infants are like those who enter the kingdom.”

They said to him, “That means we shall enter the kingdom as children?”

Jesus said to them, “When you make the two one, and when you make that which lies within like that which lies without and that which lies without like that which lies within, and that which lies above like that which lies below, and when you make the male and female into a single one, so that the male is not male anymore and the female is not female anymore, when you make eyes in place of an eye, a hand in place of a hand, a foot in place of a foot, and an image in place of an image, then you shall enter the kingdom.”

*

ϥⲍ (23) ⲡⲉϫⲉ ⲓ̄ⲥ̄ ϫⲉ ϯⲛⲁⲥⲉⲧⲡ ⲧⲏⲛⲉ ⲟⲩⲁ ⲉⲃⲟⲗ ϩⲛ̄ ϣⲟ ⲁⲩⲱ ⲥⲛⲁⲩ ⲉⲃⲟⲗ ϩⲛ̄ ⲧⲃⲁ ⲁⲩⲱ ⲥⲉⲛⲁⲱϩⲉ ⲉⲣⲁⲧⲟⲩ ⲉⲩⲟ ⲟⲩⲁ ⲟⲩⲱⲧ

23. Jesus said, “I shall choose you, one from a thousand and two from ten thousand, and they shall stand even as a single one.”

*

ⲫⲇ (24) ⲡⲉϫⲉ ⲛⲉϥⲙⲁⲑⲏⲧⲏⲥ ϫⲉ ⲙⲁⲧⲥⲉⲃⲟⲛ ⲉⲡⲧⲟ ⲡⲟⲥ ⲉⲧⲕⲙ̄ⲙⲁⲩ ⲉⲡⲉⲓ ⲧⲁⲛⲁⲅⲕⲏ ⲉⲣⲟⲛ ⲧⲉ ⲉⲧⲣⲛ̄ϣⲓⲛⲉ ⲛ̄ⲥⲱϥ ⲡⲉϫⲁϥ ⲛⲁⲩ ϫⲉ ⲡⲉⲧⲉⲩ ⲛ̄ ⲙⲁⲁϫⲉ ⲙ̄ⲙⲟϥ ⲙⲁⲣⲉϥⲥⲱⲧⲙ̄ ⲟⲩⲛ̄ ⲟⲩ ⲟⲉⲓⲛ ϣⲟⲟⲡ ⲙ̄ⲫⲟⲩⲛ ⲛ̄ⲛⲟⲩⲣⲙ̄ⲟⲩⲟⲉⲓⲛ ⲁⲩⲱ ϥⲣ̄ ⲟⲩⲟⲉⲓⲛ ⲉⲡⲕⲟⲥⲙⲟⲥ ⲧⲏⲣϥ ⲉϥⲧⲙ̄ ⲣ̄ ⲟⲩⲟⲉⲓⲛ ⲟⲩⲕⲁⲕⲉ ⲡⲉ

24. His disciples said, "Show us the place where you dwell, for we must seek it."

He said to them, "Whosoever has ears to hear, let him hear. There is light within a creature of light, and it shines on the world in its entirety. When it shines not, there is darkness."

*

ⲫⲉ (25) ⲡⲉϫⲉ ⲓ̅ⲥ̅ ϫⲉ ⲙⲉⲣⲉ ⲡⲉⲕⲥⲟⲛ ⲛ̄ⲑⲉ ⲛ̄ⲧⲉⲕⲫⲩⲭⲏ ⲉⲣⲓⲧⲏⲣⲉⲓ ⲙ̄ⲙⲟϥ ⲛ̄ⲑⲉ ⲛ̄ⲧⲉⲗⲟⲩ ⲙ̄ⲡⲉⲕⲃⲁⲗ

25. Jesus said, "Love your brother like your soul, and guard him like the pupil of your eye."

*

ⲫⲋ (26) ⲡⲉϫⲉ ⲓ̅ⲥ̅ ϫⲉ ⲡϫⲏ ⲉⲧϩⲙ̄ ⲡⲃⲁⲗ ⲙ̄ⲡⲉⲕⲥⲟⲛ ⲕⲛⲁⲩ ⲉⲣⲟϥ ⲡⲥⲟⲉⲓ ⲇⲉ ⲉⲧϩⲙ̄ ⲡⲉⲕⲃⲁⲗ ⲕⲛⲁⲩ ⲁⲛ ⲉⲣⲟϥ ϩⲟⲧⲁⲛ ⲉⲕϣⲁⲛⲛⲟⲩϫⲉ ⲙ̄ⲡⲥⲟⲉⲓ ⲉⲃⲟⲗ ϩⲙ̄ ⲡⲉⲕ ⲃⲁⲗ ⲧⲟⲧⲉ ⲕⲛⲁⲛⲁⲩ ⲉⲃⲟⲗ ⲉⲛⲟⲩϫⲉ ⲙ̄ⲡϫⲏ ⲉⲃⲟⲗ ϩⲙ̄ ⲡⲃⲁⲗ ⲙ̄ⲡⲉⲕⲥⲟⲛ

26. Jesus said, "You see the splinter that is in your brother's eye, but you see not the beam that is in your own

eye. When you have taken the beam out of your own eye, then you will have a clear vision and you will be ready to remove the splinter from your brother's eye."

*

ⲫ.ⲣ (27) ⲉⲧⲉ[ⲧⲛ̄]ⲧⲙ̄ⲣ̄ⲛⲏ ⲥⲧⲉⲩⲉ ⲉⲡⲕⲟⲥⲙⲟⲥ ⲧⲉⲧⲛⲁϩⲉ ⲁⲛ ⲉⲧⲙⲛ̄ⲧⲉ ⲣⲟ ⲉⲧⲉⲧⲛ̄ⲧⲙ̄ⲉⲓⲣⲉ ⲙ̄ⲡⲥⲁⲙⲃⲁⲧⲟⲛ ⲛ̄ⲥⲁⲃ ⲃⲁⲧⲟⲛ ⲛ̄ⲧⲉⲧⲛⲁⲛⲁⲩ ⲁⲛ ⲉⲡⲉⲓⲱⲧ

27. "Unless you fast from the world, you shall not find the kingdom. Unless you observe the Sabbath as Sabbath, you shall not see the Father."

*

ⲫⲙ̀ (28) ⲡⲉϫⲉ ⲓ̄ⲥ̄ ϫⲉ ⲁⲉⲓⲱϩⲉ ⲉⲣⲁⲧ ϩⲛ̄ ⲧⲙⲏⲧⲉ ⲙ̄ⲡⲕⲟⲥ ⲙⲟⲥ ⲁⲩⲱ ⲁⲉⲓⲟⲩⲱⲛϩ ⲉⲃⲟⲗ ⲛⲁⲩ ϩⲛ̄ ⲥⲁⲣⳍ ⲁⲉⲓϩⲉ ⲉⲣⲟⲟⲩ ⲧⲏⲣⲟⲩ ⲉⲩⲧⲁϩⲉ ⲙ̄ⲡⲓϩⲉ ⲉⲗⲁ ⲁⲩ ⲛ̄ϩⲏⲧⲟⲩ ⲉϥⲟⲃⲉ ⲁⲩⲱ ⲁⲧⲁⲯⲩⲭⲏ ϯ ⲧⲕⲁⲥ ⲉϫⲛ̄ ⲛ̄ϣⲏⲣⲉ ⲛ̄ⲣ̄ⲣⲱⲙⲉ ϫⲉ ϩⲛ̄ⲃⲗ̄ⲗⲉⲉⲩ ⲉ ⲛⲉ ϩⲙ̄ ⲡⲟⲩϩⲏⲧ ⲁⲩⲱ ⲥⲉⲛⲁⲩ ⲉⲃⲟⲗ ⲁⲛ ϫⲉ ⲛ̄ⲧⲁⲩⲉⲓ ⲉⲡⲕⲟⲥⲙⲟⲥ ⲉⲩϣⲟⲩⲉⲓⲧ ⲉⲩ ϣⲓⲛⲉ ⲟⲛ ⲉⲧⲣⲟⲩⲉⲓ ⲉⲃⲟⲗ ϩⲙ̄ ⲡⲕⲟⲥⲙⲟⲥ ⲉⲩϣⲟⲩⲉⲓⲧ ⲡⲗⲏⲛ ⲧⲉⲛⲟⲩ ⲥⲉⲧⲟϩⲉ ϩⲟ ⲧⲁⲛ ⲉⲩϣⲁⲛⲛⲉϩ ⲡⲟⲩⲏⲣⲡ ⲧⲟⲧⲉ ⲥⲉⲛⲁⲣ̄ ⲙⲉⲧⲁⲛⲟⲉⲓ

28. Jesus said, "I stood in the midst of the world and appeared to people in the flesh. I found them all drunk, but I found none of them thirsty. My soul ached for the children of humanity because they are blind in their hearts and see not, for they came empty into the world; and they seek to go out of the world empty. Now people are drunk; but when they shake off their wine, then they shall repent."

*

ⲯⲛ̀ (29) ⲡⲉϫⲉ ⲓ̅ⲥ̅ ⲉϣϫⲉ ⲛ̅ⲧⲁ ⲧⲥⲁⲣⲝ ϣⲱⲡⲉ ⲉⲧⲃⲉ ⲡ̅ⲛ̅ⲁ̅ ⲟⲩϣⲡⲏⲣⲉ ⲧⲉ ⲉϣ ϫⲉ ⲡ̅ⲛ̅ⲁ̅ ⲇⲉ ⲉⲧⲃⲉ ⲡⲥⲱⲙⲁ ⲟⲩϣⲡⲏⲣⲉ ⲛ̅ϣⲡⲏⲣⲉ ⲡⲉ ⲁⲗⲗⲁ ⲁⲛⲟⲕ ϯⲣ̅ ϣⲡⲏⲣⲉ ⲙ̅ⲡⲁⲉⲓ ϫⲉ ⲡⲱⲥ ⲁⲧⲉⲉⲓⲛⲟϭ ⲙ̅ⲙ̅ⲛ̅ⲧ̅ⲣ̅ⲙ̅ⲙⲁ ⲟ ⲁⲥⲟⲩⲱϩ ϩⲛ̅ ⲧⲉⲉⲓⲙ̅ⲛ̅ⲧ̅ϩⲏⲕⲉ

29. Jesus said, “Flesh comes into existence because of spirit, and that is a miracle; but if spirit came into existence because of the flesh, now that would be a miracle of miracles. I cannot stop wondering at how such great wealth has come to abide amid this poverty.”

*

ⲝ· (30) ⲡⲉϫⲉ ⲓ̅ⲥ̅ ϫⲉ ⲡⲙⲁ ⲉⲩⲛ̅ ϣⲟⲙⲧ ⲛ̅ⲛⲟⲩⲧⲉ ⲙ̅ⲙⲁⲩ ϩⲛ̅ ⲛⲟⲩⲧⲉ ⲛⲉ ⲡⲙⲁ ⲉⲩⲛ̅ ⲥⲛⲁⲩ ⲏ ⲟⲩⲁ ⲁⲛⲟⲕ ϯϣⲟⲟⲡ ⲛⲙⲙⲁϥ

30. Jesus said, “Where there are three gods, they are divine. Where there are two, I am with them; and where there is one, I am that one.”

*

ⲝ+ (31) ⲡⲉϫⲉ ⲓ̅ⲥ̅ ⲙⲛ̅ ⲡⲣⲟⲫⲏ ⲧⲏⲥ ϣⲏⲡ ϩⲙ̅ ⲡⲉϥϯⲙⲉ ⲙⲁⲣⲉ ⲥⲟⲉⲓⲛ ⲣ̅ⲑⲉ ⲣⲁⲡⲉⲩⲉ ⲛ̅ⲛⲉⲧⲥⲟⲟⲩⲛ ⲙ̅ⲙⲟϥ

31. Jesus said, “No prophet is accepted in his own town. No physician heals those to whom he is known.”

*

ƺф (32) ⲡⲉϫⲉ ⲓ̅ⲥ̅ ϫⲉ ⲟⲩⲡⲟⲗⲓⲥ ⲉⲩⲕⲱⲧ ⲙ̅ⲙⲟⲥ ϩⲓϫⲛ̅ ⲟⲩⲧⲟ ⲟⲩ ⲉϥϫⲟⲥⲉ ⲉⲥⲧⲁϫⲣⲏⲩ ⲙⲛ̅ ϭⲟⲙ ⲛ̅ⲥϩⲉ ⲟⲩⲇⲉ ⲥⲛⲁϣϩⲱⲡ ⲁⲛ

32. Jesus said, "A city built upon a high hill and well-fortified falls not, and never does it stay hidden."

*

ƺƺ (33) ⲡⲉϫⲉ ⲓ̅ⲥ̅ ⲡⲉⲧⲕⲛⲁ ⲥⲱⲧⲙ̅ ⲉⲣⲟϥ ϩⲙ̅ ⲡⲉⲕⲙⲁⲁϫⲉ ϩⲙ̅ ⲡⲕⲉⲙⲁ ⲁϫⲉ ⲧⲁϣⲉ ⲟⲉⲓϣ ⲙ̅ⲙⲟϥ ϩⲓϫⲛ̅ ⲛⲉⲧⲛ̅ϫⲉ ⲛⲉⲡⲱⲣ ⲙⲁⲣⲉ ⲗⲁⲁⲩ ⲅⲁⲣ ϫⲉⲣⲉ ϩⲏⲃ̅ⲥ̅ ⲛ̅ϥ ⲕⲁⲁϥ ϩⲁ ⲙⲁⲁϫⲉ ⲟⲩⲇⲉ ⲙⲁϥⲕⲁⲁϥ ϩⲙ̅ ⲙⲁ ⲉϥϩⲏⲡ ⲁⲗⲗⲁ ⲉϣⲁⲣⲉϥⲕⲁⲁϥ ϩⲓϫⲛ̅ ⲧⲗⲩ ϫⲛⲓⲁ ϫⲉⲕⲁⲁⲥ ⲟⲩⲟⲛ ⲛⲓⲙ ⲉⲧⲃⲏⲕ ⲉϩⲟⲩⲛ ⲁⲩⲱ ⲉⲧⲛ̅ⲛⲏⲩ ⲉⲃⲟⲗ ⲉⲩⲛⲁⲛⲁⲩ ⲁⲡⲉϥⲟⲩ ⲟⲉⲓⲛ

33. Jesus said, "What you hear in your ear, preach in others' ears from your rooftops. For no onc lights a lamp and puts it under a basket, nor does one put it in a place of hiding. Instead, one puts it on a lampstand, so that all who come and go can see its light."

*

фϸ (34) ⲡⲉϫⲉ ⲓ̅ⲥ̅ ϫⲉ ⲟⲩⲃⲗ̅ⲗⲉ ⲉϥϣⲁⲛⲥⲱⲕ ϩⲏⲧϥ ⲛ̅ⲛⲟⲩⲃⲗ̅ⲗⲉ ϣⲁⲩϩⲉ ⲙ̅ⲡⲉⲥⲛⲁⲩ ⲉⲡⲉⲥⲏⲧ ⲉⲩϩⲓⲉⲓⲧ

34. Jesus said, "If a blind person leads a blind person, both of them will fall into a ditch."

*

ⲝϩ (35) ⲡⲉϫⲉ ⲓ̅ⲥ̅ ⲙⲛ̅ ϭⲟⲙ ⲛ̅ⲧⲉ ⲟⲩⲁ ⲃⲱⲕ ⲉϩⲟⲩⲛ ⲉⲡⲏⲉⲓ ⲙ̅ⲡϫⲱ ⲱⲣⲉ ⲛ̅ϥϫⲓⲧϥ ⲛ̅ϫⲛⲁϩ ⲉⲓ ⲙⲏⲧⲓ ⲛ̅ϥⲙⲟⲩⲣ ⲛ̅ⲛⲉϥϭⲓϫ ⲧⲟⲧⲉ ϥⲛⲁⲡⲱⲱⲛⲉ ⲉⲃⲟⲗ ⲙ̅ⲡⲉϥⲏⲉⲓ

35. Jesus said, “One cannot enter the house of a strong man and take it by force without first tying his hands. Then one will be able to loot this man’s house.”

*

ⲝⲋ (36) ⲡⲉϫⲉ ⲓ̅ⲥ̅ ⲙⲛ̅ϥⲓ ⲣⲟⲟⲩϣ ϫⲓⲛ ϩⲧⲟⲟⲩⲉ ϣⲁ ⲣⲟⲩϩⲉ ⲁⲩⲱ ϫⲓⲛ ϩⲓⲣⲟⲩϩⲉ ϣⲁ ϩⲧⲟⲟⲩⲉ ϫⲉ ⲟⲩ ⲡⲉ[ⲧ]ⲉⲧⲛⲁⲧⲁⲁϥ ϩⲓⲱⲧ ⲧⲏⲩⲧⲛ̅

36. Jesus said, “Worry not, from dawn till sunset, about what you will wear.”

*

ⲝ⳨ (37) ⲡⲉϫⲉ ⲛⲉϥⲙⲁⲑⲏⲧⲏⲥ ϫⲉ ⲁϣ ⲛ̅ ϩⲟⲟⲩ ⲉⲕⲛⲁⲟⲩⲱⲛϩ ⲉⲃⲟⲗ ⲛⲁⲛ ⲁⲩⲱ ⲁϣ ⲛ̅ϩⲟⲟⲩ ⲉⲛⲁⲛⲁⲩ ⲉⲣⲟⲕ ⲡⲉϫⲉ ⲓ̅ⲥ̅ ϫⲉ ϩⲟ ⲧⲁⲛ ⲉⲧⲉⲧⲛ̅ϣⲁⲕⲉⲕ ⲧⲏⲩⲧⲛ̅ ⲉϩⲏⲩ ⲙ̅ⲡⲉ ⲧⲛ̅ϣⲓⲡⲉ ⲁⲩⲱ ⲛ̅ⲧⲉⲧⲛ̅ϥⲓ ⲛ̅ⲛⲉⲧⲛ̅ϣⲧⲏⲛ ⲛ̅ⲧⲉⲧⲛ̅ⲕⲁⲁⲩ ϩⲁ ⲡⲉⲥⲏⲧ ⲛ̅ⲛⲉⲧⲛ̅ⲟⲩⲉⲣⲏⲧⲉ ⲛ̅ⲑⲉ ⲛ̅ⲛⲓⲕⲟⲩⲉⲓ ⲛ̅ϣⲏⲣⲉ ϣⲏⲙ ⲛ̅ⲧⲉ ⲧⲛ̅ϫⲟⲡϫ̅ⲡ̅ ⲙ̅ⲙⲟⲟⲩ ⲧⲟⲧⲉ [ⲧⲉⲧ]ⲛⲁⲛⲁⲩ ⲉⲡϣⲏⲣⲉ ⲙ̅ⲡⲉⲧⲟⲛϩ ⲁⲩⲱ ⲧⲉⲧⲛⲁⲣ̅ ϩⲟⲧⲉ ⲁⲛ

37. His followers said, “When will you be revealed to us and when shall we see you?”

Jesus said, “When you take off your clothes without being ashamed and put them under your feet the way little children do and trample on them, then you shall see the Son of the Living One and you shall have no fear.”

*

ⲝ̄ⲙ̀ (38) ⲡⲉϫⲉ ⲓ̅ⲥ̅ ϫⲉ ϩⲁϩ ⲛ̄ⲥⲟⲡ ⲁⲧⲉⲧⲛ̄
ⲣ̄ⲉⲡⲓⲑⲩⲙⲉⲓ ⲉⲥⲱⲧⲙ̄ ⲁⲛⲉⲉⲓϣⲁϫⲉ ⲛⲁⲉⲓ ⲉϯϫⲱ
ⲙ̄ⲙⲟⲟⲩ ⲛⲏⲧⲛ̄ ⲁⲩⲱ ⲙⲛ̄ⲧⲏⲧⲛ̄ ⲕⲉⲟⲩⲁ ⲉⲥⲟⲧⲙⲟⲩ
ⲛ̄ⲧⲟⲟⲧϥ̄ ⲟⲩⲛ̄ ϩⲛ̄ϩⲟ ⲟⲩ ⲛⲁϣⲱⲡⲉ ⲛ̄ⲧⲉⲧⲛ̄ϣⲓⲛⲉ
ⲛ̄ⲥⲱⲉⲓ ⲧⲉ ⲧⲛⲁϩⲉ ⲁⲛ ⲉⲣⲟⲉⲓ

38. Jesus said, “Many times you have desired to hear these words that I am speaking to you, and you have had no one else from whom to hear them. A day will come when you will seek me, but you will find me not.”

*

ⲝ̄ⲛ̀ (39) ⲡⲉϫⲉ ⲓ̅ⲥ̅ ϫⲉ ⲙ̄ⲫⲁⲣⲓⲥⲁⲓ ⲟⲥ ⲙⲛ̄
ⲛ̄ⲅⲣⲁⲙⲙⲁⲧⲉⲩⲥ ⲁⲩϫⲓ ⲛ̄ϣⲁϣⲧ ⲛ̄ⲧⲅⲛⲱⲥⲓⲥ
ⲁⲩϩⲟⲡⲟⲩ ⲟⲩⲧⲉ ⲙ̄ⲡⲟⲩⲃⲱⲕ ⲉϩⲟⲩⲛ ⲁⲩⲱ
ⲛⲉⲧⲟⲩⲱϣ ⲉⲃⲱⲕ ⲉϩⲟⲩⲛ ⲙ̄ ⲡⲟⲩⲕⲁⲁⲩ ⲛ̄ⲧⲱⲧⲛ̄ ⲇⲉ
ϣⲱⲡⲉ ⲙ̄ⲫⲣⲟⲛⲓⲙⲟⲥ ⲛ̄ⲑⲉ ⲛ̄ⲛ̄ϩⲟϥ ⲁⲩⲱ ⲛ̄ⲁⲕⲉⲣⲁⲓⲟⲥ
ⲛ̄ⲑⲉ ⲛ̄ⲛ̄ϭⲣⲟⲙⲡⲉ

39. Jesus said, “The Pharisees and the scribes have found the keys of knowledge and have hidden them. Yet, they have not entered, nor have they allowed those who want to enter to do so. But you should be shrewd as snakes and innocent as doves.”

*

ⲏ̄· (40) ⲡⲉϫⲉ ⲓ̄ⲥ̄ ⲟⲩⲃⲉⲛⲉⲗⲟⲟⲗⲉ ⲁⲩ ⲧⲟϭⲥ ⲙ̄ⲡⲥⲁ ⲛⲃⲟⲗ ⲙ̄ⲡⲉⲓⲱⲧ ⲁⲩⲱ ⲉⲥⲧⲁϫⲣⲏⲩ ⲁⲛ ⲥⲉⲛⲁⲡⲟⲣⲕⲥ̄ ϩⲁ ⲧⲉⲥⲛⲟⲩⲛⲉ ⲛ̄ⲥ ⲧⲁⲕⲟ

40. Jesus said, "A vine has been planted without the Father, but since it is not strong, it shall be uprooted and shall rot."

*

ⲏ̄+ (41) ⲡⲉϫⲉ ⲓ̄ⲥ̄ ϫⲉ ⲡⲉⲧⲉⲩⲛ̄ⲧⲁϥ ϩⲛ̄ ⲧⲉϥ ϭⲓϫ ⲥⲉⲛⲁϯ ⲛⲁϥ ⲁⲩⲱ ⲡⲉⲧⲉ ⲙⲛ̄ⲧⲁϥ ⲡⲕⲉ ϣⲏⲙ ⲉⲧⲟⲩⲛ̄ⲧⲁϥ ⲥⲉⲛⲁϥⲓⲧϥ̄ ⲛ̄ⲧⲟⲟⲧϥ

41. Jesus said, "Whoever has something in hand shall receive more, and whoever has nothing shall lose even the little that person has."

*

ⲏ̄ⲫ (42) ⲡⲉϫⲉ ⲓ̄ⲥ̄ ϫⲉ ϣⲱⲡⲉ ⲉⲧⲉⲧⲛ̄ⲣ̄ⲡⲁⲣⲁⲅⲉ

42. Jesus said, "Be onlookers walking by."

*

ⲏ̄ⲝ (43) ⲡⲉϫⲁⲩ ⲛⲁϥ ⲛ̄ϭⲓ ⲛⲉϥⲙⲁⲑⲏⲧⲏⲥ ϫⲉ ⲛ̄ⲧⲁⲕ ⲛⲓⲙ ⲉⲕϫⲱ ⲛ̄ⲛⲁⲓ ⲛⲁⲛ ϩⲛ̄ ⲛⲉϯϫⲱ ⲙ̄ ⲙⲟⲟⲩ ⲛⲏⲧⲛ̄ ⲛ̄ⲧⲉⲧⲛ̄ⲉⲓⲙⲉ ⲁⲛ ϫⲉ ⲁⲛⲟⲕ ⲛⲓⲙ ⲁⲗⲗⲁ ⲛ̄ⲧⲱⲧⲛ̄ ⲁⲧⲉⲧⲛ̄ϣⲱⲡⲉ ⲛ̄ⲑⲉ ⲛ̄ ⲛⲓⲓⲟⲩⲇⲁⲓⲟⲥ ϫⲉ ⲥⲉⲙⲉ ⲙ̄ⲡϣⲏⲛ ⲥⲉⲙⲟⲥ ⲧⲉ ⲙ̄ⲡⲉϥⲕⲁⲣⲡⲟⲥ ⲁⲩⲱ ⲥⲉⲙⲉ ⲙ̄ⲡⲕⲁⲣⲡⲟⲥ ⲥⲉⲙⲟⲥⲧⲉ ⲙ̄ⲡϣⲏⲛ

43. His disciples asked him, “Who are you to say these things to us?”

Jesus answered, “In spite of what I say to you, you do not know who I am. Rather, you have become like the Jews, for they love the tree but hate its fruit; and they love the fruit but hate the tree.”

*

ϧϧ (44) ⲡⲉϫⲉ ⲓ̅ⲥ̅ ϫⲉ ⲡⲉⲧⲁϫⲉ ⲟⲩⲁ ⲁⲡⲉⲓⲱⲧ ⲥⲉⲛⲁⲕⲱ ⲉⲃⲟⲗ ⲛⲁϥ ⲁⲩⲱ ⲡⲉⲧⲁϫⲉ ⲟⲩⲁ ⲉⲡϣⲏⲣⲉ ⲥⲉⲛⲁⲕⲱ ⲉⲃⲟⲗ ⲛⲁϥ ⲡⲉⲧⲁϫⲉ ⲟⲩⲁ ⲇⲉ ⲁⲡⲡ̅ⲛ̅ⲁ̅ ⲉⲧⲟⲩⲁⲁⲃ ⲥⲉⲛⲁⲕⲱ ⲁⲛ ⲉⲃⲟⲗ ⲛⲁϥ ⲟⲩⲧⲉ ϩⲙ̅ ⲡⲕⲁϩ ⲟⲩⲧⲉ ϩⲛ̅ ⲧⲡⲉ

44. Jesus said, “Whoever blasphemes against the Father shall be forgiven, and whoever blasphemes against the Son shall be forgiven, but whoever blasphemes against the Holy Spirit shall not be forgiven, either on earth or in heaven.”

*

ϧϩ (45) ⲡⲉϫⲉ ⲓ̅ⲥ̅ ⲙⲁⲩϫⲉⲗⲉ ⲉⲗⲟⲟ ⲗⲉ ⲉⲃⲟⲗ ϩⲛ̅ ϣⲟⲛⲧⲉ ⲟⲩⲧⲉ ⲙⲁⲩⲕⲱⲧϥ ⲕⲛ̅ⲧⲉ ⲉⲃⲟⲗ ϩⲛ̅ ⲥⲣ̅ϭⲁⲙⲟⲩⲗ ⲙⲁⲩϯ ⲕⲁⲣⲡⲟⲥ ⲅⲁⲣ ⲟⲩⲁⲅⲁⲑⲟⲥ ⲣ̅ⲣⲱⲙⲉ ϣⲁϥⲉⲓⲛⲉ ⲛ̅ ⲟⲩⲁⲅⲁⲑⲟⲛ ⲉⲃⲟⲗ ϩⲙ̅ ⲡⲉϥⲉϩⲟ ⲟⲩⲕⲁⲕ[ⲟⲥ] ⲣ̅ⲣⲱⲙⲉ ϣⲁϥⲉⲓⲛⲉ ⲛ̅ϩⲛ̅ⲡⲟⲛⲏⲣⲟⲛ ⲉⲃⲟⲗ ϩⲙ̅ ⲡⲉϥⲉϩⲟ ⲉⲑⲟⲟⲩ ⲉⲧϩⲛ̅ ⲡⲉϥϩⲏⲧ ⲁⲩ ⲱ ⲛ̅ϥϫⲱ ⲛ̅ϩⲛ̅ⲡⲟⲛⲏⲣⲟⲛ ⲉⲃⲟⲗ ⲅⲁⲣ ϩⲙ̅ ⲫⲟⲩⲟ ⲙ̅ⲫⲏⲧ ϣⲁϥⲉⲓⲛⲉ ⲉⲃⲟⲗ ⲛ̅ϩⲛ̅ⲡⲟ ⲛⲏⲣⲟⲛ

45. Jesus said, “Grapes are not harvested from thorns, nor figs from thistles, for they yield no fruit. A good person brings forth goodness from his treasure house; but a bad person brings forth evil from the evil storehouse in his

heart, and he speaks evil words. For from the abundance of his heart, this person produces nothing else but evil."

*

ϸϛ (46) ⲡⲉϫⲉ ⲓ̅ⲥ̅ ϫⲉ ϫⲓⲛ ⲁⲇⲁⲙ ϣⲁ ⲓⲱϩⲁⲛ ⲛⲏⲥ ⲡⲃⲁⲡⲧⲓⲥⲧⲏⲥ ϩⲛ̅ ⲛ̅ϫⲡⲟ ⲛ̅ⲛ̅ϩⲓⲟⲙⲉ ⲙⲛ̅ ⲡⲉⲧϫⲟⲥⲉ ⲁⲓⲱϩⲁⲛⲛⲏⲥ ⲡⲃⲁⲡⲧⲓ ⲥⲧⲏⲥ ϣⲓⲛⲁ ϫⲉ ⲛⲟⲩⲱϭⲡ ⲛ̅ϭⲓ ⲛⲉϥⲃⲁⲗ ⲁⲉⲓϫⲟⲟⲥ ⲇⲉ ϫⲉ ⲡⲉⲧⲛⲁϣⲱⲡⲉ ϩⲛ̅ ⲧⲏⲩ ⲧⲛ̅ ⲉϥⲟ ⲛ̅ⲕⲟⲩⲉⲓ ϥⲛⲁⲥⲟⲩⲱⲛ ⲧⲙⲛ̅ⲧⲉ ⲣⲟ ⲁⲩⲱ ϥⲛⲁϫⲓⲥⲉ ⲁⲓⲱϩⲁⲛⲛⲏⲥ

46. Jesus said, "From Adam to John the Baptist, amongst those born of women, no one is greater than John the Baptist. But I say that whoever amongst you becomes a child shall know the kingdom and shall be greater than John."

*

ϸⲍ (47) ⲡⲉϫⲉ ⲓ̅ⲥ̅ ϫⲉ ⲙⲛ̅ ϭⲟⲙ ⲛ̅ⲧⲉⲟⲩⲣⲱⲙⲉ ⲧⲉⲗⲟ ⲁϩⲧⲟ ⲥⲛⲁⲩ ⲛ̅ϥϫⲱⲗⲕ ⲙ̅ⲡⲓⲧⲉ ⲥⲛ̅ⲧⲉ ⲁⲩⲱ ⲙⲛ̅ ϭⲟⲙ ⲛ̅ⲧⲉ ⲟⲩϩⲙ̅ϩⲁⲗ ϣⲙ̅ϣⲉ ϫⲟⲉⲓⲥ ⲥⲛⲁⲩ ⲏ ϥⲛⲁⲣ̅ⲧⲓⲙⲁ ⲙ̅ⲡⲟⲩⲁ ⲁⲩⲱ ⲡⲕⲉⲟⲩⲁ ϥⲛⲁ ⲣ̅ϩⲩⲃⲣⲓⲍⲉ ⲙ̅ⲙⲟϥ ⲙⲁⲣⲉ ⲣⲱⲙⲉ ⲥⲉ ⲣ̅ⲡⲁⲥ ⲁⲩⲱ ⲛ̅ⲧⲉⲩⲛⲟⲩ ⲛ̅ϥⲉⲡⲓⲑⲩⲙⲉⲓ ⲁⲥⲱ ⲏⲣⲡ ⲃ̅ⲃⲣⲣⲉ ⲁⲩⲱ ⲙⲁⲩⲛⲟⲩϫ ⲏⲣⲡ ⲃ̅ⲃⲣ̅ⲣⲉ ⲉⲁⲥ ⲕⲟⲥ ⲛ̅ⲁⲥ ϫⲉⲕⲁⲁⲥ ⲛ̅ⲛⲟⲩⲡⲱϩ ⲁⲩⲱ ⲙⲁⲩ ⲛⲉϫ ⲏⲣⲡ ⲛ̅ⲁⲥ ⲉⲁⲥⲕⲟⲥ ⲃ̅ⲃⲣ̅ⲣⲉ ϣⲓⲛⲁ ϫⲉ ⲛⲉϥⲧⲉⲕⲁϥ ⲙⲁⲩϫⲗ̅ϭ ⲧⲟⲉⲓⲥ ⲛ̅ⲁⲥ ⲁϣⲧⲏⲛ ⲛ̅ϣⲁⲉⲓ ⲉⲡⲉⲓ ⲟⲩⲛ ⲟⲩⲡⲱϩ ⲛⲁϣⲱⲡⲉ

47. Jesus said, "One cannot mount two horses or bend two bows. A servant cannot obey two masters: he will honour the one and scorn the other. No one drinks aged wine and immediately asks for new wine. New wine is put not into

old wineskins, for they might break; and vintage wine is poured not into new wineskins, because it might spoil. No one sews an old patch onto a new garment, for it shall tear."

*

ϸⲙ̀ (48) ⲡⲉϫⲉ ⲓ̅ⲥ̅ ϫⲉ ⲉⲣϣⲁ ⲥⲛⲁⲩ ⲣ̅ ⲉⲓⲣⲏⲛⲏ ⲙⲛ̅ ⲛⲟⲩⲉⲣⲏⲩ ϩⲙ̅ ⲡⲉⲓⲏⲉⲓ ⲟⲩⲱⲧ ⲥⲉⲛⲁϫⲟⲟⲥ ⲙ̅ⲡⲧⲁⲩ ϫⲉ ⲡⲱⲱⲛⲉ ⲉⲃⲟⲗ ⲁⲩⲱ ϥⲛⲁⲡⲱ ⲱⲛⲉ

48. Jesus said, "If two make peace with each other in the same house, they will say to the mountain, 'Move from here,' and it shall move."

*

ϸⲛ̀ (49) ⲡⲉϫⲉ ⲓ̅ⲥ̅ ϫⲉ ϩⲉⲛⲙⲁⲕⲁⲣⲓⲟⲥ ⲛⲉ ⲛ ⲙⲟⲛⲁⲭⲟⲥ ⲁⲩⲱ ⲉⲧⲥⲟⲧⲡ ϫⲉ ⲧⲉⲧⲛⲁ ϩⲉ ⲁⲧⲙⲛ̅ⲧⲉⲣⲟ ϫⲉ ⲛ̅ⲧⲱⲧⲛ̅ ϩⲛ̅ⲉⲃⲟⲗ ⲛ̅ϩⲏⲧⲥ̅ ⲡⲁⲗⲓⲛ ⲉⲧⲉⲧⲛⲁⲃⲱⲕ ⲉⲙⲁⲩ

49. Jesus said, "Blessed are those who are alone and chosen, for you shall find the kingdom. Because you have come from it, and you shall return there again."

*

ϩ· (50) ⲡⲉϫⲉ ⲓ̅ⲥ̅ ϫⲉ ⲉⲩϣⲁⲛϫⲟⲟⲥ ⲛⲏⲧⲛ̅ ϫⲉ ⲛ̅ⲧⲁ
ⲧⲉⲧⲛ̅ϣⲱⲡⲉ ⲉⲃⲟⲗ ⲧⲱⲛ ϫⲟⲟⲥ ⲛⲁⲩ ϫⲉ ⲛ̅ⲧⲁⲛⲉⲓ
ⲉⲃⲟⲗ ϩⲙ̅ ⲡⲟⲩⲟⲉⲓⲛ ⲡⲙⲁ ⲉⲛⲧⲁ ⲡⲟⲩⲟⲉⲓⲛ ϣⲱⲡⲉ
ⲙ̅ⲙⲁⲩ ⲉⲃⲟⲗ ϩⲓⲧⲟⲟⲧϥ ⲟⲩⲁⲁⲧϥ ⲁϥⲱϩ[ⲉ ⲉⲣⲁⲧϥ]
ⲁⲩⲱ ⲁϥⲟⲩⲱⲛϩ ⲉ[ⲃ]ⲟⲗ ϩⲛ̅ ⲧⲟⲩϩⲓⲕⲱⲛ ⲉⲩ
ϣⲁϫⲟⲟⲥ ⲛⲏⲧⲛ̅ ϫⲉ ⲛ̅ⲧⲱⲧⲛ̅ ⲡⲉ ϫⲟⲟⲥ ϫⲉ ⲁⲛⲟⲛ
ⲛⲉϥϣⲏⲣⲉ ⲁⲩⲱ ⲁⲛⲟⲛ ⲛ̅ⲥⲱⲧⲡ ⲙ̅ⲡⲉⲓⲱⲧ ⲉⲧⲟⲛϩ
ⲉⲩϣⲁⲛϫⲛⲉ ⲧⲏⲩⲧⲛ̅ ϫⲉ ⲟⲩ ⲡⲉ ⲡⲙⲁⲉⲓⲛ
ⲙ̅ⲡⲉⲧⲛ̅ⲉⲓⲱⲧ ⲉⲧϩⲛ̅ ⲧⲏⲩⲧⲛ̅ ϫⲟⲟⲥ ⲉⲣⲟⲟⲩ ϫⲉ
ⲟⲩⲕⲓⲙ ⲡⲉ ⲙⲛ̅ ⲟⲩⲁⲛⲁⲡⲁⲩⲥⲓⲥ

50. Jesus said, "If they say to you, 'Where have you come from?' say to them, 'We have come from the light, the place where the light came into being of its own accord and revealed itself in their image.' If they say to you 'Is it you?' say 'We are his children, the chosen of the living Father.' If they ask you, 'What is the sign of your Father in you?' say to them, 'It is motion and rest.'"

*

ϩ+ (51) ⲡⲉϫⲁⲩ ⲛⲁϥ ⲛ̅ϭⲓ ⲛⲉϥⲙⲁⲑⲏⲧⲏⲥ ϫⲉ ⲁϣ
ⲛ̅ϩⲟⲟⲩ ⲉⲧⲁⲛⲁⲡⲁⲩⲥⲓⲥ ⲛ̅ ⲛⲉⲧⲙⲟⲟⲩⲧ ⲛⲁϣⲱⲡⲉ
ⲁⲩⲱ ⲁϣ ⲛ̅ϩⲟⲟⲩ ⲉⲡⲕⲟⲥⲙⲟⲥ ⲃ̅ⲃⲣ̅ⲣⲉ ⲛⲏⲩ ⲡⲉϫⲁϥ
ⲛⲁⲩ ϫⲉ ⲧⲏ ⲉⲧⲉⲧⲛ̅ϭⲱϣⲧ ⲉⲃⲟⲗ ϩⲏⲧⲥ̅ ⲁⲥⲉⲓ ⲁⲗⲗⲁ
ⲛ̅ⲧⲱⲧⲛ̅ ⲧⲉⲧⲛ̅ⲥⲟⲟⲩⲛ ⲁⲛ ⲙ̅ⲙⲟⲥ

51. His followers said to him, "On what day will the repose of the dead take place and when will the new world come?"

He said to them, "What you look for has already come, but you have not realized it."

*

ϩⲫ (52) ⲡⲉϫⲁⲩ ⲛⲁϥ ⲛ̄ϭⲓ ⲛⲉϥⲙⲁⲑⲏⲧⲏⲥ ϫⲉ ϫⲟⲩⲧⲁϥⲧⲉ ⲙ̄ⲡⲣⲟⲫⲏⲧⲏⲥ ⲁⲩϣⲁϫⲉ ϩⲙ̄ ⲡⲓⲥⲣⲁⲏⲗ ⲁⲩⲱ ⲁⲩϣⲁϫⲉ ⲧⲏⲣⲟⲩ ϩⲣⲁⲓ ⲛ̄ϩⲏⲧⲕ ⲡⲉ ϫⲁϥ ⲛⲁⲩ ϫⲉ ⲁⲧⲉⲧⲛ̄ⲕⲱ ⲙ̄ⲡⲉⲧⲟⲛϩ ⲙ̄ⲡⲉ ⲧⲛ̄ⲙ̄ⲧⲟ ⲉⲃⲟⲗ ⲁⲩⲱ ⲁⲧⲉⲧⲛ̄ϣⲁϫⲉ ϩⲁ ⲛⲉⲧ ⲙⲟⲟⲩⲧ

52. His disciples said to him, “Twenty-four prophets have spoken in Israel, and all of them have spoken of you.”

He said to them, “You have neglected the Living One who is in your presence and have spoken of the dead only.”

*

ϩⲍ (53) ⲡⲉϫⲁⲩ ⲛⲁϥ ⲛ̄ϭⲓ ⲛⲉϥⲙⲁⲑⲏⲧⲏⲥ ϫⲉ ⲡⲥⲃ̄ⲃⲉ ⲣ̄ⲱⲫⲉⲗⲉⲓ ⲏ ⲙ̄ⲙⲟⲛ ⲡⲉϫⲁϥ ⲛⲁⲩ ϫⲉ ⲛⲉϥⲣ̄ⲱⲫⲉⲗⲉⲓ ⲛⲉ ⲡⲟⲩⲉⲓⲱⲧ ⲛⲁ ϫⲡⲟⲟⲩ ⲉⲃⲟⲗ ϩⲛ̄ ⲧⲟⲩⲙⲁⲁⲩ ⲉⲩⲥⲃ̄ⲃⲏⲩ ⲁⲗⲗⲁ ⲡⲥⲃ̄ⲃⲉ ⲙ̄ⲙⲉ ϩⲙ̄ ⲡⲛ̄ⲁ̄ ⲁϥϭⲛ̄ ϩⲏⲩ ⲧⲏⲣϥ

53. His disciple said to him, “Is circumcision useful or not?”

He said to them, “If it were useful, the fathers would beget their sons already circumcised from their mothers. Rather, true circumcision in spirit has become worthwhile in every respect.”

*

ϩϸ (54) ⲡⲉϫⲉ ⲓ̄ⲥ̄ ϫⲉ ϩⲛ̄ⲙⲁⲕⲁⲣⲓⲟⲥ ⲛⲉ ⲛϩⲏ ⲕⲉ ϫⲉ ⲧⲱⲧⲛ̄ ⲧⲉ ⲧⲙⲛ̄ⲧⲉⲣⲟ ⲛ̄ⲙ̄ⲡⲏⲩⲉ

54. Jesus said, “Blessed are the poor, for yours is the kingdom of heaven.”

*

ϩϩ (55) ⲡⲉϫⲉ ⲓ̅ⲥ̅ ϫⲉ ⲡⲉⲧⲁⲙⲉⲥⲧⲉ ⲡⲉϥⲉⲓⲱⲧ ⲁⲛ ⲙⲛ̅ ⲧⲉϥⲙⲁⲁⲩ ϥⲛⲁϣⲣ̅ ⲙⲁⲑⲏⲧⲏⲥ ⲁⲛ ⲛⲁⲉⲓ ⲁⲩⲱ ⲛ̅ϥⲙⲉⲥⲧⲉ ⲛⲉϥⲥⲛⲏⲩ ⲙⲛ̅ ⲛⲉϥⲥⲱⲛⲉ ⲛ̅ϥϥⲉⲓ ⲙ̅ⲡⲉϥⲥ︤ⲧ︥ⲣⲟⲥ ⲛ̅ⲧⲁϩⲉ ϥⲛⲁϣⲱⲡⲉ ⲁⲛ ⲉϥⲟ ⲛ̅ⲁⲝⲓⲟⲥ ⲛⲁⲉⲓ

55. Jesus said, “Whoever hates not his father and his mother cannot be my disciple, and whoever hates not his brothers and sisters and bears not the cross as I do will not be worthy of me.”

*

ϩⲋ (56) ⲡⲉϫⲉ ⲓ̅ⲥ̅ ϫⲉ ⲡⲉⲧⲁϩⲥⲟⲩⲱⲛ ⲡⲕⲟⲥⲙⲟⲥ ⲁϥϩⲉ ⲉⲩⲡⲧⲱⲙⲁ ⲁⲩⲱ ⲡⲉⲛⲧⲁϩϩⲉⲉ ⲁⲡⲧⲱⲙⲁ ⲡⲕⲟⲥⲙⲟⲥ ⲙ̅ⲡϣⲁ ⲙ̅ⲙⲟϥ ⲁⲛ

56. Jesus said, “Whoever has come to understand the world has discovered a corpse; and the world is not worthy of that person who has discovered a carcass.”

*

ϩⲣ (57) ⲡⲉϫⲉ ⲓ̅ⲥ̅ ϫⲉ ⲧⲙⲛ̅ⲧⲉⲣⲟ ⲙ̅ⲡⲉⲓⲱⲧ ⲉⲥⲧⲛ̅ⲧⲱⲛ ⲁⲩⲣⲱⲙⲉ ⲉⲩⲛ̅ⲧⲁϥ ⲙ̅ⲙⲁⲩ ⲛ̅ⲛⲟⲩϭⲣⲟϭ ⲉⲛ[ⲁⲛⲟ]ⲩϥ ⲁⲡⲉϥϫⲁϫⲉ ⲉⲓ ⲛ̅ⲧⲟⲩϣⲏ ⲁϥⲥⲓⲧⲉ ⲛ̅ⲟⲩⲍⲓⲍⲁⲛⲓ[ⲟ]ⲛ ⲉϫⲛ̅ ⲡⲉϭⲣⲟ[ϭ ⲉ] ⲧⲛⲁⲛⲟⲩϥ ⲙ̅ⲡⲉ ⲡⲣⲱⲙⲉ ⲕⲟⲟⲩ ⲉϩⲱⲗⲉ ⲙ̅ⲡⲍⲓⲍⲁⲛⲓⲟⲛ ⲡⲉϫⲁϥ ⲛⲁⲩ ϫⲉ ⲙⲏⲡⲱⲥ ⲛ̅ⲧⲉⲧⲛ̅ⲃⲱⲕ ϫⲉ ⲉⲛⲁϩⲱⲗⲉ ⲙ̅ⲡⲍⲓⲍⲁⲛⲓⲟⲛ ⲛ̅ⲧⲉⲧⲛ̅ϩⲱⲗⲉ ⲙ̅ⲡⲥⲟⲩⲟ ⲛⲙ̅ⲙⲁϥ ϩⲙ̅ ⲫⲟ ⲟⲩ ⲅⲁⲣ ⲙ̅ⲡⲱϩ̅ⲥ̅ ⲛ̅ⲍⲓⲍⲁⲛⲓⲟⲛ ⲛⲁⲟⲩⲱⲛϩ ⲉⲃⲟⲗ ⲥⲉϩⲟⲗⲟⲩ ⲛ̅ⲥⲉⲣⲟⲕϩⲟⲩ

57. Jesus said, “The Father’s kingdom is like a person who had good seed. His enemy came by night and sowed weeds amongst the good seeds. But this person did not let anyone pull the weeds, and said to them, ‘Do not do so, for when you go to pull up the weeds, you pull up the weeds along with them.’ Indeed, on the day of the harvest the weeds shall be conspicuous: They shall be all pulled up and burned.”

*

ϩⲙ̀ (58) ⲡⲉϫⲉ ⲓ̅ⲥ̅ ϫⲉ ⲟⲩⲙⲁⲕⲁⲣⲓⲟⲥ ⲡⲉ ⲡⲣⲱⲙⲉ ⲛ̅ⲧⲁϩϩⲓⲥⲉ ⲁϥϩⲉ ⲁⲡⲱⲛϩ

58. Jesus said, “Blessed is the man who has worked hard, for he has found life.”

*

ϩⲛ̀ (59) ⲡⲉϫⲉ ⲓ̅ⲥ̅ ϫⲉ ϭⲱϣⲧ ⲛ̅ⲥⲁ ⲡⲉ ⲧⲟⲛϩ ϩⲱⲥ ⲉⲧⲉⲧⲛ̅ⲟⲛϩ ϩⲓⲛⲁ ϫⲉ ⲛⲉⲧⲙ̅ⲙⲟⲩ ⲁⲩⲱ ⲛ̅ⲧⲉⲧⲛ̅ϣⲓⲛⲉ ⲉⲛⲁⲩ ⲉⲣⲟϥ ⲁⲩⲱ ⲧⲉⲧⲛⲁϣ ϭⲙ̅ ϭⲟⲙ ⲁⲛ ⲉⲛⲁⲩ

59. Jesus said, “Look upon the Living One as long as you live, lest you die and then try to see the Living One, and you will not be able to see.”

*

ϛ· (60) ⲁϥⲛⲁⲩ ⲁⲩⲥⲁⲙⲁⲣⲉⲓⲧⲏⲥ ⲉϥϥⲓ ⲛ̄ ⲛⲟⲩϩⲓⲉⲓⲃ ⲉϥⲃⲏⲕ ⲉϩⲟⲩⲛ ⲉϯⲟⲩⲇⲁⲓⲁ ⲡⲉ ϫⲁϥ ⲛ̄ⲛⲉϥⲙⲁⲑⲏⲧⲏⲥ ϫⲉ ⲡⲏ ⲙ̄ⲡⲕⲱⲧⲉ ⲙ̄ⲡⲉϩⲓⲉⲓⲃ ⲡⲉϫⲁⲩ ⲛⲁϥ ϫⲉⲕⲁⲁⲥ ⲉϥⲛⲁ ⲙⲟⲟⲩⲧϥ ⲛ̄ϥⲟⲩⲟⲙϥ ⲡⲉϫⲁϥ ⲛⲁⲩ ϩⲱⲥ ⲉ ϥⲟⲛϩ ϥⲛⲁⲟⲩⲟⲙϥ ⲁⲛ ⲁⲗⲗⲁ ⲉϥϣⲁⲙⲟ ⲟⲩⲧϥ ⲛ̄ϥϣⲱⲡⲉ ⲛ̄ⲟⲩⲡⲧⲱⲙⲁ ⲡⲉϫⲁⲩ ϫⲉ ⲛ̄ⲕⲉⲥⲙⲟⲧ ϥⲛⲁϣⲁⲥ ⲁⲛ ⲡⲉϫⲁϥ ⲛⲁⲩ ϫⲉ ⲛ̄ⲧⲱⲧⲛ̄ ϩⲱⲧⲧⲏⲩⲧⲛ̄ ϣⲓⲛⲉ ⲛ̄ⲥⲁ ⲟⲩ ⲧⲟⲡⲟⲥ ⲛⲏⲧⲛ̄ ⲉϩⲟⲩⲛ ⲉⲩⲁⲛⲁⲡⲁⲩⲥⲓⲥ ϫⲉⲕⲁⲁⲥ ⲛ̄ⲛⲉⲧⲛ̄ϣⲱⲡⲉ ⲙ̄ⲡⲧⲱⲙⲁ ⲛ̄ⲥⲉ ⲟⲩⲱⲙ ⲧⲏⲩⲧⲛ̄

60. They saw a Samaritan carrying a lamb as he was going to Judea.

He said to his followers, “Why does he carry the lamb?”

They said to him, “So that he may kill it and eat it.”

He said to them, “As long as the lamb is alive, he will not eat it, but only if he has killed it and it has become a carcass.”

They said, “Otherwise he cannot do it.”

He said to them, “So also with you, for you yourselves must seek a place for repose, or you might become a carcass and be eaten.”

*

ⲋ+ (61) ⲡⲉϫⲉ ⲓ̅ⲥ̅ ⲟⲩⲛ̄ ⲥⲛⲁⲩ ⲛⲁⲙ̄ ⲧⲟⲛ ⲙ̄ⲙⲁⲩ ϩⲓ ⲟⲩϭⲗⲟϭ ⲡⲟⲩⲁ ⲛⲁⲙⲟⲩ ⲡⲟⲩ ⲁ ⲛⲁⲱⲛϩ ⲡⲉϫⲉ ⲥⲁⲗⲱⲙⲏ ⲛ̄ⲧⲁⲕ ⲛⲓⲙ ⲡⲣⲱⲙⲉ ϩⲱⲥ ⲉⲃⲟⲗ ϩⲛ̄ ⲟⲩⲁ ⲁⲕⲧⲉⲗⲟ ⲉϫⲙ̄ ⲡⲁϭⲗⲟϭ ⲁⲩⲱ ⲁⲕⲟⲩⲱⲙ ⲉⲃⲟⲗ ϩⲛ̄ ⲧⲁ ⲧⲣⲁⲡⲉⲍⲁ ⲡⲉϫⲉ ⲓ̅ⲥ̅ ⲛⲁⲥ ϫⲉ ⲁⲛⲟⲕ ⲡⲉ ⲡⲉⲧϣⲟⲟⲡ ⲉⲃⲟⲗ ϩⲙ̄ ⲡⲉⲧϣⲏϣ ⲁⲩϯ ⲛⲁⲉⲓ ⲉⲃⲟⲗ ϩⲛ̄ ⲛⲁ ⲡⲁⲉⲓⲱⲧ ⲁⲛⲟⲕ ⲧⲉⲕ ⲙⲁⲑⲏⲧⲏⲥ ⲉⲧⲃⲉ ⲡⲁⲉⲓ ϯϫⲱ ⲙ̄ⲙⲟⲥ ϫⲉ ϩⲟⲧⲁⲛ ⲉϥϣⲁϣⲱⲡⲉ ⲉϥϣⲏϣ ϥⲛⲁⲙⲟⲩϩ ⲟⲩⲟⲉⲓⲛ ϩⲟⲧⲁⲛ ⲇⲉ ⲉϥϣⲁⲛϣⲱⲡⲉ ⲉϥ ⲡⲏϣ ϥⲛⲁⲙⲟⲩϩ ⲛ̄ⲕⲁⲕⲉ

61. Jesus said, “Two will be resting on a couch; one will die, the other will live.”

Salome said, “Who are you, stranger?” You have reclined on my couch and eaten from my table, but it seems that you are not from here.”

Jesus said to her, “I am a sparkle of that which is complete. The things of my Father have been given to me.”

Salome said, “I am your follower.”

Jesus said to her, “Therefore, I say, if one is complete, one will be filled with light; but whoever is incomplete will be filled with darkness.”

*

ⲋⲫ (62) ⲡⲉϫⲉ ⲓ̅ⲥ̅ ϫⲉ ⲉⲓ ϫⲱ ⲛ̄ⲛⲁⲙⲩⲥⲧⲏⲣⲓⲟⲛ ⲛ̄ⲛⲉ[ⲧⲙ̄ⲡϣⲁ] ⲛ̄ [ⲛⲁ]ⲙⲩⲥⲧⲏⲣⲓⲟⲛ ⲡⲉ[ⲧ]ⲉ ⲧⲉⲕⲟⲩⲛⲁⲙ ⲛⲁⲁϥ ⲙⲛ̄ⲧⲣⲉ ⲧⲉⲕϩⲃⲟⲩⲣ ⲉⲓⲙⲉ ϫⲉ ⲉⲥⲣ ⲟⲩ

62. Jesus said, “I disclose my mysteries to those who are worthy of my mysteries. Do not let your left hand know what your right hand is doing.”

*

ϛⲍ (63) ⲡⲉϫⲉ ⲓ̅ⲥ̅ ϫⲉ ⲛⲉⲩⲛ̅ ⲟⲩⲣⲱⲙⲉ ⲙ̅ⲡⲗⲟⲩⲥⲓⲟⲥ ⲉⲩⲛ̅ⲧⲁϥ ⲙ̅ ⲙⲁⲩ ⲛ̅ϩⲁϩ ⲛ̅ⲭⲣⲏⲙⲁ ⲡⲉϫⲁϥ ϫⲉ ϯⲛⲁⲣ̅ⲭⲣⲱ ⲛ̅ ⲛⲁⲭⲣⲏⲙⲁ ϫⲉⲕⲁⲁⲥ ⲉⲉⲓⲛⲁϫⲟ ⲛ̅ⲧⲁⲱⲥϩ ⲛ̅ⲧⲁⲧⲱϭⲉ ⲛ̅ⲧⲁⲙⲟⲩϩ ⲛ̅ⲛⲁⲉϩⲱⲣ ⲛ̅ⲕⲁⲣ ⲡⲟⲥ ϣⲓⲛⲁ ϫⲉ ⲛⲓⲣ̅ ϭⲣⲱϩ ⲗ̅ⲁⲁⲩ ⲛⲁⲉⲓ ⲛⲉ ⲛⲉϥⲙⲉⲉⲩⲉ ⲉⲣⲟⲟⲩ ϩⲙ̅ ⲡⲉϥϩⲏⲧ ⲁⲩⲱ ϩⲛ̅ ⲧⲟⲩϣⲏ ⲉⲧⲙ̅ⲙⲁⲩ ⲁϥⲙⲟⲩ ⲡⲉⲧⲉⲩⲙ̅ ⲙⲁϫⲉ ⲙ̅ⲙⲟϥ ⲙⲁⲣⲉϥⲥⲱⲧⲙ̅

63. Jesus said, “There was a rich man who had a huge amount of wealth. He said, “I shall use my money to sow, reap, plant, and fill my storehouses with produce, so that I may lack nothing.” Such were the intentions in his heart, but that very night he died. Whoever has ears, let him hear.”

*

ϛϩ (64) ⲡⲉϫⲉ ⲓ̅ⲥ̅ ϫⲉ ⲟⲩⲣⲱ ⲙⲉ ⲛⲉⲩⲛ̅ⲧⲁϥ ϩⲛ̅ϣⲙ̅ⲙⲟ ⲁⲩⲱ ⲛ̅ⲧⲁⲣⲉϥⲥⲟⲃ ⲧⲉ ⲙ̅ⲡⲇⲓⲡⲛⲟⲛ ⲁϥϫⲟⲟⲩ ⲙ̅ⲡⲉϥϩⲙ̅ϩ̅ⲁ̅ⲗ̅ ϣⲓ ⲛⲁ ⲉϥⲛⲁⲧⲱϩⲙ ⲛ̅ⲛ̅ϣⲙ̅ⲙⲟⲉⲓ ⲁϥⲃⲱⲕ ⲙ̅ ⲡϣⲟⲣⲡ ⲡⲉϫⲁϥ ⲛⲁϥ ϫⲉ ⲡⲁϫⲟⲉⲓⲥ ⲧⲱϩⲙ̅ ⲙ̅ⲙⲟⲕ ⲡⲉϫⲁϥ ϫⲉ ⲟⲩⲛ̅ⲧⲁⲉⲓ

ϩⲛ̅ϩⲟⲙⲧ ⲁϩⲉⲛⲉⲙⲡⲟⲣⲟⲥ ⲥⲉⲛ̅ⲛⲏⲩ ϣⲁⲣⲟⲉⲓ
ⲉⲣⲟⲩϩⲉ ϯⲛⲁⲃⲱⲕ ⲛ̅ⲧⲁⲟⲩⲉϩ ⲥⲁϩⲛⲉ ⲛⲁⲩ ϯⲣ̅ⲡⲁⲣⲁⲓ
ⲧⲉⲓ ⲙ̅ⲡⲇⲓⲡⲛⲟⲛ ⲁϥⲃⲱⲕ ϣⲁ ⲕⲉⲟⲩⲁ ⲡⲉ ϫⲁϥ ⲛⲁϥ
ϫⲉ ⲁⲡⲁϫⲟⲉⲓⲥ ⲧⲱϩⲙ̅ ⲙ̅ⲙⲟⲕ ⲡⲉϫⲁϥ ⲛⲁϥ ϫⲉ
ⲁⲉⲓⲧⲟⲟⲩ ⲟⲩⲏⲉⲓ ⲁⲩⲱ ⲥⲉ ⲣ̅ⲁⲓⲧⲉⲓ ⲙ̅ⲙⲟⲉⲓ
ⲛ̅ⲟⲩϩⲏⲙⲉⲣⲁ ϯⲛⲁⲥⲣ̅ϥⲉ ⲁⲛ ⲁϥⲉⲓ ϣⲁ ⲕⲉⲟⲩⲁ
ⲡⲉϫⲁϥ ⲛⲁϥ ϫⲉ ⲡⲁϫⲟ ⲉⲓⲥ ⲧⲱϩⲙ̅ ⲙ̅ⲙⲟⲕ ⲡⲉϫⲁϥ
ⲛⲁϥ ϫⲉ ⲡⲁϣⲃⲏⲣ ⲛⲁⲣ̅ ϣⲉⲗⲉⲉⲧ ⲁⲩⲱ ⲁⲛⲟⲕ ⲉⲧⲛⲁⲣ̅
ⲇⲓⲡⲛⲟⲛ ϯⲛⲁϣⲓ ⲁⲛ ϯⲣ̅ⲡⲁⲣⲁⲓⲧⲉⲓ ⲙ̅ⲡⲇⲓⲡⲛⲟⲛ ⲁϥ
ⲃⲱⲕ ϣⲁ ⲕⲉⲟⲩⲁ ⲡⲉϫⲁϥ ⲛⲁϥ ϫⲉ ⲡⲁϫⲟⲉⲓⲥ ⲧⲱϩⲙ
ⲙ̅ⲙⲟⲕ ⲡⲉϫⲁϥ ⲛⲁϥ ϫⲉ ⲁⲉⲓⲧⲟⲟⲩ ⲛ̅ ⲟⲩⲕⲱⲙⲏ
ⲉⲉⲓⲃⲏⲕ ⲁϫⲓ ⲛ̅ϣⲱⲙ ϯⲛⲁϣⲓ ⲁⲛ ϯⲣ̅ⲡⲁⲣⲁⲓⲧⲉⲓ ⲁϥⲉⲓ
ⲛ̅ϭⲓ ⲡϩⲙ̅ϩ̅ⲁ̅ⲗ̅ ⲁϥϫⲟ ⲟⲥ ⲁⲡⲉϥϫⲟⲉⲓⲥ ϫⲉ
ⲛⲉⲛⲧⲁⲕⲧⲁϩⲙⲟⲩ ⲁ ⲡⲇⲓⲡⲛⲟⲛ ⲁⲩⲡⲁⲣⲁⲓⲧⲉⲓ ⲡⲉϫⲉ
ⲡϫⲟⲉⲓⲥ ⲙ̅ ⲡⲉϥϩⲙ̅ϩ̅ⲁ̅ⲗ̅ ϫⲉ ⲃⲱⲕ ⲉⲡⲥⲁ ⲛⲃⲟⲗ ⲁⲛϩⲓⲟ
ⲟⲩⲉ ⲛⲉⲧⲕⲛⲁϩⲉ ⲉⲣⲟⲟⲩ ⲉⲛⲓⲟⲩ ϫⲉⲕⲁⲁⲥ
ⲉⲩⲛⲁⲣ̅ⲇⲓⲡⲛⲉⲓ ⲛ̅ⲣⲉϥⲧⲟⲟⲩ ⲙⲛ̅ ⲛⲉϣⲟ ⲧ[ⲉ
ⲥⲉⲛⲁⲃ]ⲱⲕ ⲁⲛ ⲉϩⲟⲩⲛ ⲉⲛⲧⲟⲡⲟⲥ ⲙ̅ⲡⲁⲓⲱⲧ

64. Jesus said, "A man was receiving guests. When he had prepared a banquet, he sent his servants to invite the guests. The servant went to the first and said to him, 'My master invites you.'

That person said, 'Some merchants owe me money; they will come to me tonight. I must go and give them orders. Please excuse me from the dinner.'

The servant went to another and said to him, 'My master has invited you.'

That person said to him, 'I have just bought a house and I am needed for a day. I shall have no time.'

The servant went to another and said to him, 'My master invites you.'

That man said to the servant, 'My friend is to be married and I am to prepare a wedding feast; I shall not be able to come. I beg to be excused from the dinner.'

The servant went to another and said to that one, 'My master has invited you.'

He said to the servant, 'I have bought an estate and I am on my way to collect the rent. I shall not be able to come. Please excuse me.'

The servant returned and said to his master, 'The people whom you invited have asked to be excused from the dinner.'

The master said to the servant, 'Go out on the streets and bring in those whom you find so that they may have dinner.'

Buyers and sellers shall not enter the places of my Father."

*

ϛϩ (65) ⲡⲉϫⲁϥ ϫⲉ ⲟⲩⲣⲱⲙⲉ ⲛ̄ⲭⲣⲏ[ⲥⲧⲟ]ⲥ ⲛⲉⲩⲛ̄ⲧ[ⲁϥ] ⲛ̄ⲟⲩⲙⲁ ⲛ̄ⲉⲗⲟⲟⲗⲉ ⲁϥⲧⲁⲁϥ ⲛ̄ϩⲛ̄ⲟⲩⲟⲉⲓⲉ ϣⲓⲛⲁ ⲉⲩⲛⲁⲣ̄ ϩⲱⲃ ⲉⲣⲟϥ ⲛ̄ϥϫⲓ ⲙ̄ⲡⲉϥⲕⲁⲣ ⲡⲟⲥ ⲛ̄ⲧⲟⲟⲧⲟⲩ ⲁϥϫⲟⲟⲩ ⲙ̄ⲡⲉϥϩⲙ̄ϩⲁ̄ⲗ̄ ϫⲉ ⲕⲁⲁⲥ ⲉⲛⲟⲩⲟⲉⲓⲉ ⲛⲁϯ ⲛⲁϥ ⲙ̄ⲡⲕⲁⲣⲡⲟⲥ ⲙ̄ ⲡⲙⲁ ⲛ̄ⲉⲗⲟⲟⲗⲉ ⲁⲩⲉⲙⲁϩⲧⲉ ⲙ̄ⲡⲉϥϩⲙ̄ϩⲁ̄ⲗ̄ ⲁⲩϩⲓⲟⲩⲉ ⲉⲣⲟϥ ⲛⲉ ⲕⲉⲕⲟⲩⲉⲓ ⲡⲉ ⲛ̄ⲥⲉⲙⲟⲟⲩⲧϥ ⲁⲡϩⲙ̄ϩⲁ̄ⲗ̄ ⲃⲱⲕ ⲁϥϫⲟⲟⲥ ⲉⲡⲉϥϫⲟⲉⲓⲥ ⲡⲉϫⲉ ⲡⲉϥϫⲟⲉⲓⲥ ϫⲉ ⲙⲉϣⲁⲕ ⲙ̄ⲡⲉϥⲥⲟⲩⲱ ⲛⲟⲩ ⲁϥϫⲟⲟⲩ ⲛ̄ⲕⲉϩⲙ̄ϩⲁ̄ⲗ̄ ⲁⲛⲟⲩⲟⲉⲓⲉ ϩⲓ ⲟⲩⲉ ⲉⲡⲕⲉⲟⲩⲁⲧⲟⲧⲉ ⲁⲡϫⲟⲉⲓⲥ ϫⲟⲟⲩ ⲙ̄ ⲡⲉϥϣⲏⲣⲉ ⲡⲉϫⲁϥ ϫⲉ ⲙⲉϣⲁⲕ ⲥⲉⲛⲁϣⲓⲡⲉ ϩⲏⲧϥ ⲙ̄ⲡⲁϣⲏⲣⲉ ⲁⲛⲟⲩⲟⲉⲓⲉ ⲉⲧⲙ̄ⲙⲁⲩ ⲉⲡⲉⲓ ⲥⲉⲥⲟⲟⲩⲛ ϫⲉ ⲛ̄ⲧⲟϥ ⲡⲉ ⲡⲉⲕⲗⲏⲣⲟⲛⲟⲙⲟⲥ ⲙ̄ⲡⲙⲁ ⲛ̄ⲉⲗⲟⲟⲗⲉ ⲁⲩϭⲟⲡϥ ⲁⲩⲙⲟⲟⲩⲧϥ ⲡⲉⲧⲉⲩⲙ̄ ⲙⲁⲁϫⲉ ⲙ̄ⲙⲟϥ ⲙⲁⲣⲉϥⲥⲱⲧⲙ̄

65. Jesus said, " A good man owned a vineyard and leased it to some farmers, so that these new tenants might cultivate it and he might collect its fruit from them. He sent his servant so that the farmers would give him the produce of

the vineyard. But the tenants seized, beat, and almost killed his servant. The servant returned and told his master about the incident. His master said, 'Maybe they did not know who he was.' So, he sent another servant. The servant beat him as well. Then the master sent his son and said, 'Perchance they will respect my son.' Since the tenants knew that he was the heir to the vineyard, they seized the son and killed him. Whosoever has ears, let him hear."

*

ⲝ̱ⲋ (66) ⲡⲉϫⲉ ⲓ̅ⲥ̅ ϫⲉ ⲙⲁⲧⲥⲉⲃⲟⲉⲓ ⲉⲡⲱⲛⲉ ⲡⲁⲉⲓ
ⲛ̅ⲧⲁⲩ ⲥⲧⲟϥ ⲉⲃⲟⲗ ⲛ̅ϭⲓ ⲛⲉⲧⲕⲱⲧ ⲛ̅ⲧⲟϥ ⲡⲉ ⲡⲱⲱ
ⲛⲉ ⲛ̅ⲕⲱϩ

66. Jesus said, "Show me the stone that the builders rejected. That is the cornerstone."

*

ⲝⲍ (67) ⲡⲉϫⲉ ⲓ̅ⲥ̅ ϫⲉ ⲡⲉⲧⲥⲟⲟⲩⲛ ⲙ̅ⲡⲧⲏⲣϥ ⲉϥⲣ̅
ϭⲣⲱϩ ⲟⲩⲁⲁϥ ϥⲣ̅ ϭⲣⲱϩ ⲙ̅ⲡⲙⲁ ⲧⲏⲣϥ

67. Jesus said, "One who knows all but fails to know oneself lacks everything."

*

ⲝⲏ (68) ⲡⲉϫⲉ ⲓ̅ⲥ̅ ϫⲉ ⲛ̅ⲧⲱⲧⲛ̅ ϩⲙ̅ⲙⲁⲕⲁⲣⲓⲟⲥ
ϩⲟⲧⲁⲛ ⲉⲩϣⲁⲛⲙⲉⲥⲧⲉ ⲧⲏⲩⲧⲛ̅ ⲛ̅ⲥⲉⲣ̅ⲇⲓⲱⲕⲉ ⲙ̅
ⲙⲱⲧⲛ̅ ⲁⲩⲱ ⲥⲉⲛⲁϩⲉ ⲁⲛ ⲉⲧⲟⲡⲟⲥ ϩⲙ̅ ⲡⲙⲁ
ⲉⲛⲧⲁⲩⲇⲓⲱⲕⲉ ⲙ̅ⲙⲱⲧⲛ̅ ϩⲣⲁⲓ ⲛ̅ϩⲏⲧϥ

68. Jesus said, “Blessed are you when you are hated and persecuted, for wherever you have been persecuted, they will find no place.”

*

ϛ̅ⲛ̀ (69) ⲡⲉϫⲉ ⲓ̅ⲥ̅ ϩⲙ̅ⲙⲁⲕⲁⲣⲓⲟⲥ ⲛⲉ ⲛⲁⲉⲓ ⲛ̅ⲧⲁⲩⲇⲓⲱⲕⲉ ⲙ̅ⲙⲟⲟⲩ ϩⲣⲁⲓ ϩⲙ̅ ⲡⲟⲩϩⲏⲧ ⲛⲉⲧⲙ̅ⲙⲁⲩ ⲛⲉⲛⲧⲁϩⲥⲟⲩⲱⲛ ⲡⲉⲓⲱⲧ ϩⲛ̅ ⲟⲩⲙⲉ ϩⲙ̅ ⲙⲁⲕⲁⲣⲓⲟⲥ ⲛⲉⲧϩⲕⲁⲉⲓⲧ ϣⲓⲛⲁ ⲉⲩⲛⲁ ⲧⲥⲓⲟ ⲛ̅ⲑϩⲏ ⲙ̅ⲡⲉⲧⲟⲩⲱϣ

69. Jesus said, “Blessed are they who have been persecuted in their hearts, for they are the ones who have truly known the Father. Blessed are those who are hungry, for the stomach of the needy shall be filled.”

*

ⳁ· (70) ⲡⲉϫⲉ ⲓ̅ⲥ̅ ϩⲟ ⲧⲁⲛ ⲉⲧⲉⲧⲛ̅ϣⲁϫⲡⲉ ⲡⲏ ϩⲛ̅ ⲧⲏⲩⲧⲛ̅ ⲡⲁⲓ ⲉⲧⲉⲩⲛ̅ⲧⲏⲧⲛ̅ϥ ϥⲛⲁⲧⲟⲩϫⲉ ⲧⲏⲩⲧⲛ̅ ⲉϣⲱ ⲡⲉ ⲙⲛ̅ⲧⲏⲧⲛ̅ ⲡⲏ ϩⲛ̅ ⲧ[ⲏ]ⲩⲧⲛ̅ ⲡⲁⲉⲓ ⲉⲧⲉ ⲙⲛ̅ⲧⲏⲧⲛ̅ϥ ϩⲛ̅ ⲧⲏⲛⲉ ϥ[ⲛⲁ]ⲙⲟⲩⲧ ⲧⲏⲛⲉ

70. Jesus said, “When you bring forth what is within you, what you have will save you. That which you have not within you will kill you if you do not know it within you.”

*

ⳁ+ (71) ⲡⲉϫⲉ ⲓ̅ⲥ̅ ϫⲉ ϯⲛⲁϣⲟⲣ[ϣⲣ̅ ⲙ̅ⲡⲉⲉ]ⲏⲉⲓ ⲁⲩⲱ ⲙⲛ̅ ⲗⲁⲁⲩ ⲛⲁϣⲕⲟⲧϥ [· · ·]

71. Jesus said, “I shall destroy this house, and no one will be able to build again.”

*

ⲣ̄ⲫ (72) [ⲡⲉ]ϫⲉ ⲟⲩⲣ[ⲱⲙ]ⲉ ⲛⲁϥ ϫⲉ ϫⲟⲟⲥ ⲛ̄ⲛⲁⲥⲛⲏⲩ ϣⲓⲛⲁ ⲉⲩⲛⲁⲡⲱϣⲉ ⲛ̄ⲛ̄ϩⲛⲁⲁⲩ ⲙ̄ⲡⲁⲉⲓⲱⲧ ⲛⲙ̄ⲙⲁⲉⲓ ⲡⲉϫⲁϥ ⲛⲁϥ ϫⲉ ⲱ ⲡⲣⲱⲙⲉ ⲛⲓⲙ ⲡⲉ ⲛ̄ⲧⲁϩⲁⲁⲧ ⲛ̄ⲣⲉϥⲡⲱϣⲉ ⲁϥⲕⲟⲧϥ̄ ⲁ ⲛⲉϥⲙⲁⲑⲏⲧⲏⲥ ⲡⲉϫⲁϥ ⲛⲁⲩ ϫⲉ ⲙⲏ ⲉⲉⲓ ϣⲟⲟⲡ ⲛ̄ⲣⲉϥⲡⲱϣⲉ

72. A man said to Jesus, “Tell my brothers to divide my father’s possessions with me.”

He said to that person, “O man, who made me a divider?” He then turned to his disciples and said to them, “I am not a divider, am I?”

*

ⲣ̄ⲝ (73) ⲡⲉϫⲉ ⲓ̄ⲥ̄ ϫⲉ ⲡⲱϩⲥ ⲙⲉⲛ ⲛⲁϣⲱϥ ⲛ̄ⲉⲣⲅⲁⲧⲏⲥ ⲇⲉ ⲥⲟⲃⲕ ⲥⲟⲡⲥ̄ ⲇⲉ ⲙ̄ⲡϫⲟⲉⲓⲥ ϣⲓⲛⲁ ⲉϥⲛⲁⲛⲉϫ ⲉⲣⲅⲁⲧⲏⲥ ⲉⲃⲟⲗ ⲉⲡⲱϩ̄ⲥ̄

73. Jesus said, “The harvest is large, but the labourers are few. So, beg the master to send out labourers to the harvest.”

*

ⲣ̄ϧ (74) ⲡⲉϫⲁϥ ϫⲉ ⲡϫⲟⲉⲓⲥ ⲟⲩⲛ̄ ϩⲁϩ ⲙ̄ⲡⲕⲱⲧⲉ ⲛ̄ⲧϫⲱⲧⲉ ⲙⲛ̄ ⲗⲁⲁⲩ ⲇⲉ ϩⲛ̄ ⲧϣⲱⲧⲉ

74. Jesus said, “Master, there are many standing around the drinking trough, but there is nothing in the well.”

*

ⲟ̄ⲉ (75) ⲡⲉϫⲉ ⲓ̅ⲥ̅ ⲟⲩⲛ ϩⲁϩ ⲁϩⲉⲣⲁⲧⲟⲩ ϩⲓⲣⲙ̄ ⲡⲣⲟ ⲁⲗⲗⲁ ⲙ̄ⲙⲟⲛⲁⲭⲟⲥ ⲛⲉⲧⲛⲁⲃⲱⲕ ⲉϩⲟⲩⲛ ⲉⲡⲙⲁ ⲛ̄ϣⲉⲗⲉⲉⲧ

75. Jesus said, “There are many standing at the door, but only those who are alone shall enter the bridal chamber.”

*

ⲟ̄ⲋ (76) ⲡⲉϫⲉ ⲓ̅ⲥ̅ ϫⲉ ⲧⲙⲛ̄ⲧⲉⲣⲟ ⲙ̄ⲡⲉⲓⲱⲧ ⲉⲥⲧⲛ̄ⲧⲱⲛ ⲁⲩⲣⲱⲙⲉ ⲛ̄ⲉϣⲱⲱⲧ ⲉⲩⲛ̄ⲧⲁϥ ⲙ̄ⲙⲁⲩ ⲛ̄ⲟⲩⲫⲟⲣⲧⲓ ⲟⲛ ⲉⲁϥϩⲉ ⲁⲩⲙⲁⲣⲅⲁⲣⲓⲧⲏⲥ ⲡⲉϣⲱⲧ ⲉⲧⲙ̄ⲙⲁⲩ ⲟⲩⲥⲁⲃⲉ ⲡⲉ ⲁϥϯ ⲡⲉⲫⲟⲣⲧⲓⲟⲛ ⲉⲃⲟⲗ ⲁϥⲧⲟⲟⲩ ⲛⲁϥ ⲙ̄ⲡⲓⲙⲁⲣⲅⲁⲣⲓⲧⲏⲥ ⲟⲩⲱⲧ ⲛ̄ⲧⲱⲧⲛ̄ ϩⲱⲧⲧⲏⲩⲧⲛ̄ ϣⲓⲛⲉ ⲛ̄ ⲥⲁ ⲡⲉϥⲉϩⲟ ⲉⲙⲁϥⲱϫⲛ̄ ⲉϥⲙⲏⲛ ⲉⲃⲟⲗ ⲡⲙⲁ ⲉⲙⲁⲣⲉ ϫⲟⲟⲗⲉⲥ ⲧϩⲛⲟ ⲉϩⲟⲩⲛ ⲉⲙⲁⲩ ⲉⲟⲩⲱⲙ ⲟⲩⲇⲉ ⲙⲁⲣⲉ ϥϥⲛ̄ⲧ ⲧⲁⲕⲟ

76. Jesus said, “The Father’s kingdom is even as a seller who had a supply of merchandise, and saw a pearl for sale. That merchant was wise: he sold the merchandise and bought the only pearl for himself.

So also with you: seek his treasure that is unfailing and everlasting, where no moth comes to eat and no worm can destroy.”

*

⳨.⳨ (77) ⲡⲉϫⲉ ⲓ̅ⲥ̅ ϫⲉ ⲁⲛⲟⲕ ⲡⲉ ⲡⲟⲩⲟⲉⲓⲛ ⲡⲁⲉⲓ ⲉⲧϩⲓ ϫⲱⲟⲩ ⲧⲏⲣⲟⲩ ⲁⲛⲟⲕ ⲡⲉ ⲡⲧⲏⲣϥ ⲛ̅ⲧⲁ ⲡⲧⲏⲣϥ ⲉⲓ ⲉⲃⲟⲗ ⲛ̅ϩⲏⲧ ⲁⲩⲱ ⲛ̅ⲧⲁ ⲡⲧⲏⲣϥ ⲡⲱϩ ϣⲁⲣⲟⲉⲓ ⲡⲱϩ ⲛ̅ⲛⲟⲩϣⲉ ⲁⲛⲟⲕ ϯⲙ̅ⲙⲁⲩ ϥⲓ ⲙ̅ⲡⲱⲛⲉ ⲉϩⲣⲁⲓ ⲁⲩⲱ ⲧⲉⲧⲛⲁϩⲉ ⲉⲣⲟⲉⲓ ⲙ̅ⲙⲁⲩ

77. Jesus said, "I am the light that envelops all things. I am all: from me everything came forth, and to me all attained.

Split a piece of wood, and I am there.
Lift up a stone, and you will find me there."

*

⳨ⲙ̀ (78) ⲡⲉϫⲉ ⲓ̅ⲥ̅ ϫⲉ ⲉⲧⲃⲉ ⲟⲩ ⲁⲧⲉⲧⲛ̅ⲉⲓ ⲉⲃⲟⲗ ⲉⲧⲥⲱϣⲉ ⲉⲛⲁⲩ ⲉⲩⲕⲁϣ ⲉϥⲕⲓⲙ ⲉ[ⲃⲟⲗ] ϩⲓⲧⲙ̅ ⲡⲧⲏⲩ ⲁⲩⲱ ⲉⲛⲁⲩ ⲉⲩⲣⲱⲙ[ⲉ ⲉ]ⲩⲛ̅ϣⲧⲏⲛ ⲉⲩϭⲏⲛ ϩⲓⲱⲱⲃ ⲛ̅[ⲑⲉ ⲛ̅ⲛⲉⲧ]ⲛ̅ⲣ̅ⲣⲱⲟⲩ ⲙⲛ̅ ⲛⲉⲧⲙ̅ⲙⲉⲅⲓ ⲥⲧⲁⲛⲟⲥ ⲛⲁⲉⲓ ⲉⲛ[ⲉ]ϣⲧⲏⲛ ⲉ[ⲧ] ϭⲏⲛ ϩⲓⲱⲟⲩ ⲁⲩⲱ ⲥⲉⲛ[ⲁ]ϣⲥ̅ⲥⲟⲩⲛ ⲧⲙⲉ ⲁⲛ

78. Jesus said, "Why have you come out to the countryside? To behold a reed shaken by the wind? To behold a person clad in soft vestments, [like your] rulers and your powerful ones? They are clad in soft vestments, but they cannot grasp the truth."

*

ⲣⲛ̀ (79) ⲡⲉϫⲉ ⲟⲩⲥϩⲓⲙ[ⲉ] ⲛⲁϥ ϩⲙ̅ ⲡⲙⲏϣⲉ ϫⲉ ⲛⲉⲉⲓⲁⲧⲥ [ⲛ̅]ⲑⲉϩⲏ ⲛ̅ ⲧⲁϩϥⲓ ϩⲁⲣⲟⲕ ⲁⲩⲱ ⲛ̅ⲕⲓ[ⲃ]ⲉ ⲉⲛⲧⲁϩ ⲥⲁⲛⲟⲩϣⲕ ⲡⲉϫⲁϥ ⲛⲁ[ⲥ] ϫⲉ ⲛⲉ ⲉⲓⲁⲧⲟⲩ ⲛ̅ⲛⲉⲛⲧⲁϩⲥⲱⲧⲙ̅ ⲁ ⲡⲗⲟⲅⲟⲥ ⲙ̅ⲡⲉⲓⲱⲧ ⲁⲩⲁⲣⲉϩ ⲉⲣⲟϥ ϩⲛ̅ ⲟⲩⲙⲉ ⲟⲩⲛ̅ ϩⲛ̅ϩⲟⲟⲩ ⲅⲁⲣ ⲛⲁϣⲱⲡⲉ ⲛ̅ⲧⲉⲧⲛ̅ϫⲟⲟⲥ ϫⲉ ⲛⲉⲉⲓⲁⲧⲥ̅ ⲛ̅ⲑⲉϩⲏ ⲧⲁ ⲉⲓ ⲉⲧⲉ ⲙ̅ⲡⲥⲱ ⲁⲩⲱ ⲛ̅ⲕⲓⲃⲉ ⲛⲁⲉⲓ ⲉⲙⲡⲟⲩ † ⲉⲣⲱⲧⲉ

79. A woman in the crowd said to him, “Blessed are the womb that bore you and the breasts that fed you.”

He said to her, “Blessed are those who have heard the word of the Father and have truly kept it. For there will be days when you will say ‘Blessed are the womb that has not conceived and the breasts that have not given milk.’”

*

ⲙ̀· (80) ⲡⲉϫⲉ ⲓ̅ⲥ̅ ϫⲉ ⲡⲉⲛⲧⲁϩⲥⲟⲩⲱⲛ ⲡⲕⲟⲥⲙⲟⲥ ⲁϥϩⲉ ⲉⲡⲥⲱⲙⲁ ⲡⲉⲛⲧⲁϩϩⲉ ⲇⲉ ⲉⲡⲥⲱⲙⲁ ⲡⲕⲟⲥⲙⲟⲥ ⲙ̅ⲡϣⲁ ⲙ̅ⲙⲟϥ ⲁⲛ

80. Jesus said, “Whoever has come to know the world has found the body; but of whoever has found the body, the world is not worthy.”

*

ⲙ̀+ (81) ⲡⲉϫⲉ ⲓ̅ⲥ̅ ϫⲉ ⲡⲉⲛⲧⲁϩⲣ̅ ⲣ̅ⲙⲙⲁⲟ ⲙⲁ ⲣⲉϥⲣ̅ ⲣⲣⲟ ⲁⲩⲱ ⲡⲉⲧⲉⲩⲛ̅ⲧⲁϥ ⲛ̅ⲟⲩⲇⲩⲛⲁ ⲙⲓⲥ ⲙⲁⲣⲉϥⲁⲣⲛⲁ

81. Jesus said, “Let one who has become rich rule, and let one who has power renounce it.”

*

ⲙ̀ⲫ (82) ⲡⲉϫⲉ ⲓ̅ⲥ̅ ϫⲉ ⲡⲉⲧϩⲏⲛ ⲉⲣⲟⲉⲓ ⲉϥϩⲏⲛ ⲉⲧⲥⲁⲧⲉ ⲁⲩⲱ ⲡⲉⲧⲟⲩⲏⲩ ⲙ̅ⲙⲟⲉⲓ ϥⲟⲩⲏⲩ ⲛ̅ⲧⲙⲛ̅ⲧⲉⲣⲟ

82. Jesus said, "Whosoever is near me is near fire, and whosoever is far from me is far from the kingdom."

*

ⲙ̀ⲝ (83) ⲡⲉϫⲉ ⲓ̅ⲥ̅ ϫⲉ ⲛ̅ϩⲓⲕⲱⲛ ⲥⲉⲟⲩⲟⲛϩ ⲉⲃⲟⲗ ⲙ̅ⲡⲣⲱ ⲙⲉ ⲁⲩⲱ ⲡⲟⲩⲟⲉⲓⲛ ⲉⲧⲛ̅ϩⲏⲧⲟⲩ ϥϩⲏⲡ ϩⲛ̅ ⲑⲓⲕⲱⲛ ⲙ̅ⲡⲟⲩⲟⲉⲓⲛ ⲙ̅ⲡⲉⲓⲱⲧ ϥⲛⲁ ϭⲱⲗⲡ ⲉⲃⲟⲗ ⲁⲩⲱ ⲧⲉϥϩⲓⲕⲱⲛ ϩⲏⲡ ⲉⲃⲟⲗ ϩⲓⲧⲛ̅ ⲡⲉϥⲟⲩⲟⲉⲓⲛ

83. Jesus said, "People may have visions, but the light within them is hidden in the image of the Father's light. He reveals himself to people, but his image is hidden by its light."

*

ⲙ̀ϧ (84) ⲡⲉϫⲉ ⲓ̅ⲥ̅ ⲛ̅ϩⲟ ⲟⲩ ⲉⲧⲉⲧⲛ̅ⲛⲁⲩ ⲉⲡⲉⲧⲛ̅ⲉⲓⲛⲉ ϣⲁⲣⲉⲧⲛ̅ ⲣⲁϣⲉ ϩⲟⲧⲁⲛ ⲇⲉ ⲉⲧⲉⲧⲛ̅ϣⲁⲛⲛⲁⲩ ⲁⲛⲉⲧⲛ̅ϩⲓⲕⲱⲛ ⲛ̅ⲧⲁϩϣⲱⲡⲉ ϩⲓ ⲧⲉⲧⲛⲉ ϩⲏ ⲟⲩⲧⲉ ⲙⲁⲩⲙⲟⲩ ⲟⲩⲧⲉ ⲙⲁⲩⲟⲩⲱⲛϩ ⲉⲃⲟⲗ ⲧⲉⲧⲛⲁϥⲓ ϩⲁ ⲟⲩⲏⲣ

84. Jesus said, "When you see your likeness, you rejoice. But when you see your images that came into being before you that neither die nor become visible, then, alas, how much you shall bear!"

*

ⲙ̀ϩ (85) ⲡⲉϫⲉ ⲓ̅ⲥ̅ ϫⲉ ⲛ̅ⲧⲁ ⲁⲇⲁⲙ ϣⲱⲡⲉ ⲉⲃⲟⲗ
ϩⲛ̅ⲛⲟⲩⲛⲟϭ ⲛ̅ⲇⲩⲛⲁⲙⲓⲥ ⲙⲛ̅ ⲟⲩⲛⲟϭ ⲙ̅ⲙⲛ̅ⲧⲣⲙ̅ⲙⲁ ⲟ
ⲁⲩⲱ ⲙ̅ⲡⲉϥϣⲱⲡⲉ ⲉ[ϥⲙ̅]ⲡϣⲁ ⲙ̅ⲙⲱ ⲧⲛ̅ ⲛⲉⲩⲁⲝⲓⲟⲥ
ⲅⲁⲣ ⲡⲉ [ⲛⲉϥⲛⲁϫⲓ] ϯⲡ[ⲉ] ⲁⲛ ⲙ̅ⲡⲙⲟⲩ

85. Jesus said, "Adam came from great power and great wealth, and yet he was not worthy of you. For had he been worthy, he would not have tasted death."

*

ⲙ̀ϛ (86) ⲡⲉϫⲉ ⲓ̅ⲥ̅ ϫⲉ [ⲛⲃⲁϣⲟⲣ ⲟⲩ ⲛ̅ⲧ]ⲁⲩ
ⲛⲟⲩ[ⲃ]ⲏⲃ ⲁⲩⲱ ⲛ̅ϩⲁⲗⲁⲧⲉ ⲟⲩⲛ̅ⲧⲁⲩ ⲙ̅ⲙⲁⲩ
ⲙ̅ⲡⲉⲩⲙⲁϩ ⲡϣⲏⲣⲉ ⲇⲉ ⲙ̅ⲡⲣⲱⲙⲉ ⲙⲛ̅ⲧⲁϥ ⲛ̅ⲛ[ⲟ]ⲩⲙⲁ
ⲉⲣⲓⲕⲉ ⲛ̅ⲧⲉϥⲁⲡⲉ ⲛ̅ϥ ⲙ̀ⲧⲟⲛ ⲙ̅ⲙ[ⲟ]ϥ

86. Jesus said, "Foxes have their dens and birds have their nests, but the son of man has no place to lay his head and rest."

*

ⲙ̀ϥ (87) ⲡⲉϫⲁϥ ⲛ̅ϭⲓ ⲓ̅ⲥ̅ ϫⲉ ⲟⲩⲧⲁⲗⲁⲓ ⲡⲱⲣⲟⲛ ⲡⲉ
ⲡⲥⲱⲙⲁ ⲉⲧⲁϣⲉ ⲛ̅ⲟⲩⲥⲱⲙⲁ ⲁⲩⲱ ⲟⲩⲧⲁⲗⲁⲓⲡⲱⲣⲟⲥ
ⲧⲉ ⲧⲯⲩⲭⲏ ⲉⲧⲁϣⲉ ⲛ̅ⲛⲁⲉⲓ ⲙ̅ⲡⲥⲛⲁⲩ

87. Jesus said, "How wretched is the body that depends on a body, and how wretched is the soul that depends on them both."

*

Ⲙ̀Ⲙ̀ (88) ⲠⲈϪⲈ ⲒⲤ̄ ϪⲈ Ⲛ̄ⲀⲄⲄⲈⲖⲞⲤ ⲚⲎⲨ ϢⲀⲢⲰⲦⲚ̄ ⲘⲚ̄ Ⲛ̄ⲠⲢⲞⲪⲎⲦⲎⲤ ⲀⲨⲰ ⲤⲈ ⲚⲀϮ ⲚⲎⲦⲚ̄ Ⲛ̄ⲚⲈⲦⲈⲨⲚ̄ⲦⲎⲦⲚ̄ⲤⲈ ⲀⲨⲰ Ⲛ̄ⲦⲰⲦⲚ̄ ϨⲰⲦⲦⲎⲨⲦⲚ̄ ⲚⲈⲦⲚ̄ⲦⲞⲦⲦⲎⲚⲈ ⲦⲀⲀⲨ ⲚⲀⲨ Ⲛ̄ⲦⲈⲦⲚ̄ϪⲞⲞⲤ ⲚⲎⲦⲚ̄ ϪⲈ ⲀϢ Ⲛ̄ ϨⲞⲞⲨ ⲠⲈⲦⲞⲨⲚ̄ⲚⲎⲨ Ⲛ̄ⲤⲈϪⲒ ⲠⲈⲦⲈ ⲠⲰⲞⲨ

88. Jesus said, "The angels and the prophets shall come to you and give you what is yours. You, in turn, give them what is in your hands, and say to yourselves, 'When will they come and take what is theirs?'"

*

Ⲙ̀Ⲛ̀ (89) ⲠⲈϪⲈ ⲒⲤ̄ ϪⲈ ⲈⲦⲂⲈ ⲞⲨ ⲦⲈⲦⲚ̄ⲈⲒⲰⲈ Ⲙ̄ⲠⲤⲀ Ⲛ ⲂⲞⲖ Ⲙ̄ⲠⲠⲞⲦⲎⲢⲒⲞⲚ ⲦⲈⲦⲚ̄Ⲣ̄ⲚⲞⲈⲒ ⲀⲚ ϪⲈ ⲠⲈⲚⲦⲀϨⲦⲀⲘⲒⲞ Ⲙ̄ⲠⲤⲀ ⲚϨⲞⲨⲚ Ⲛ̄ⲦⲞϤ ⲞⲚ ⲠⲈⲚⲦⲀϤⲦⲀⲘⲒⲞ Ⲙ̄ⲠⲤⲀ ⲚⲂⲞⲖ

89. Jesus said, "Why do you wash the outside of the cup? Do you not know that the one who made the inside is also the one who made the outside?"

*

Ⲛ̀· (90) ⲠⲈϪⲈ ⲒⲎ̄Ⲥ̄ ϪⲈ ⲀⲘⲎⲈⲒⲦⲚ̄ ϢⲀⲢⲞⲈⲒ ϪⲈ ⲞⲨⲬⲢⲎⲤⲦⲞⲤ ⲠⲈ ⲠⲀⲚⲀϨⲂ ⲀⲨⲰ ⲦⲀⲘⲚ̄ⲦϪⲞⲈⲒⲤ ⲞⲨⲢⲘ̄ ⲢⲀϢ ⲦⲈ ⲀⲨⲰ ⲦⲈⲦⲚⲀϨⲈ ⲀⲨⲀⲚⲀⲨⲠⲀⲤⲒⲤ ⲚⲎⲦⲚ̄

90. Jesus said, "Come to me, for my yoke is easy and my lordship is gentle, and you shall find rest for yourselves."

*

ⲛ̀ϯ (91) ⲡⲉϫⲁⲩ ⲛⲁϥ ϫⲉ ϫⲟⲟⲥ ⲉⲣⲟⲛ ϫⲉ ⲛ̄ⲧⲕ ⲛⲓⲙ ϣⲓⲛⲁ ⲉⲛⲁⲣ̄ⲡⲓⲥⲧⲉⲩⲉ ⲉⲣⲟⲕ ⲡⲉ ϫⲁϥ ⲛⲁⲩ ϫⲉ ⲧⲉⲧⲛ̄ⲣ̄ⲡⲓⲣⲁⲍⲉ ⲙ̄ⲡϩⲟ ⲛ̄ⲧⲡⲉ ⲙⲛ̄ ⲡⲕⲁϩ ⲁⲩⲱ ⲡⲉⲧⲛ̄ⲡⲉⲧⲛ̄ⲙ̄ⲧⲟ ⲉⲃⲟⲗ ⲙ̄ⲡⲉⲧⲛ̄ⲥⲟⲩⲱⲛϥ ⲁⲩⲱ ⲡⲉⲉⲓⲕⲁⲓⲣⲟⲥ ⲧⲉ ⲧⲛ̄ⲥⲟⲟⲩⲛ ⲁⲛ ⲛ̄ⲣ̄ⲡⲓⲣⲁⲍⲉ ⲙ̄ⲙⲟϥ

91. They said to him, “Tell us who you are so that we may believe in you.”

He said to them, “You examine the face of the heavens and the earth, and yet you know not the one who is standing in front of you, nor do you know how to examine the present moment.”

*

ⲛ̀ⲫ (92) ⲡⲉϫⲉ ⲓ̅ⲥ̅ ϫⲉ ϣⲓⲛⲉ ⲁⲩⲱ ⲧⲉⲧⲛⲁϭⲓⲛⲉ ⲁⲗⲗⲁ ⲛⲉ ⲧⲁⲧⲉⲧⲛ̄ϫⲛⲟⲩⲉⲓ ⲉⲣⲟⲟⲩ ⲛ̄ⲛⲓϩⲟⲟⲩ ⲉⲙ̄ⲡⲓ ϫ̄ⲟⲟⲩ ⲛⲏⲧⲛ̄ ⲙ̄ⲫⲟⲟⲩ ⲉⲧⲙ̄ⲙⲁⲩ ⲧⲉⲛⲟⲩ ⲉϩⲛⲁⲓ ⲉϫⲟⲟⲩ ⲁⲩⲱ ⲧⲉⲧⲛ̄ϣⲓⲛⲉ ⲁⲛ ⲛ̄ⲥⲱ ⲟⲩ

92. Jesus said, “Seek and you shall find. However, in former times I did not reveal to you the things about which you asked me then. Now I am willing to disclose them to you, but you ask not.

*

ⲛ̀ⲝ (93) ⲙ̄ⲡⲣ̄ϯ ⲡⲉⲧⲟⲩⲁⲁⲃ ⲛ̄ⲛⲟⲩϩⲟⲟⲣ ϫⲉⲕⲁⲥ ⲛⲟⲩⲛⲟϫⲟⲩ ⲉⲧⲕⲟⲡⲣⲓⲁ ⲙ̄ⲡⲣ̄ⲛⲟⲩϫⲉ ⲛⲙ̄ ⲙⲁⲣⲅⲁⲣⲓⲧⲏ [ⲥ ⲛ̄] ⲛⲉϣⲁⲩ ϣⲓⲛⲁ ϫⲉ ⲛⲟⲩⲁⲁϥ ⲛ̄ⲗⲁ [· · ·]

93. “Give not that which is holy to dogs, or they might throw it upon the dung heap. Throw not pearls to swine.”

*

ⲛ̀ϧ (94) [ⲡⲉϫ]ⲉ ⲓ̅ⲥ̅ ⲡⲉⲧϣⲓⲛⲉ ϥⲛⲁϭⲓⲛⲉ [ⲡⲉⲧⲧⲱϩⲙ̅ ⲉ]ϩⲟⲩⲛ ⲥⲉⲛⲁⲟⲩⲱⲛ ⲛⲁϥ

94. Jesus said, “Whoever seeks shall find; it shall be opened to him.”

*

ⲛ̀ϩ (95) [ⲡⲉϫⲉ ⲓ̅ⲥ̅ ϫⲉ] ⲉϣⲱⲡⲉ ⲟⲩⲛ̅ⲧⲏⲧⲛ̅ ϩⲟⲙⲧ ⲙ̅ⲡⲣ̅ϯ ⲉⲧⲙⲏⲥⲉ ⲁⲗⲗⲁ ϯ [ⲙ̅ⲙⲟϥ] ⲙ̅ⲡⲉⲧ[ⲉ] ⲧⲛⲁϫⲓⲧⲟⲩ ⲁⲛ ⲛ̅ⲧⲟⲟⲧϥ

95. Jesus said, “If you have money, do not lend it at interest. Rather, give it to those from whom you will not receive it back.”

*

ⲛ̀ϛ (96) ⲡ[ⲉϫ]ⲉ ⲓ̅ⲥ̅ ϫⲉ ⲧⲙ̅ⲛ̅ⲧⲉⲣⲟ ⲙ̅ⲡⲉⲓⲱⲧ ⲉⲥⲧⲛ̅ⲧⲱ[ⲛ ⲁⲩ]ⲥϩⲓⲙⲉ ⲁⲥϫⲓ ⲛ̅ⲟⲩⲕⲟⲩⲉⲓ ⲛ̅ⲥⲁⲉⲓⲣ ⲁ[ⲥϩ]ⲟⲡϥ ϩⲛ̅ ⲟⲩϣⲱⲧⲉ ⲁⲥⲁⲁϥ ⲛ̅ϩⲛ̅ⲛⲟ[ϭ ⲛ̅]ⲛⲟⲉⲓⲕ ⲡⲉⲧⲉⲩⲙ̅ ⲙⲁⲁϫⲉ ⲙ̅ⲙⲟϥ ⲙⲁ[ⲣⲉ]ϥⲥⲱⲧⲙ̅

96. Jesus said, “The kingdom of the Father is even as a woman who took a little leaven, hid it in dough, and then made it into large loaves of bread. Whosoever has ears to listen, let him hear.”

*

Ⲛ̀.Ꝑ (97) ⲠⲈϪⲈ Ⲓ̅Ⲥ̅ ϪⲈ ⲦⲘⲚ̅ⲦⲈⲢⲞ Ⲙ̅ⲠⲈ[ⲒⲰⲦ Ⲉ]ⲤⲦⲚ̅ ⲦⲰⲚ ⲀⲨⲤϨⲒⲘⲈ ⲈⲤϤⲒ ϨⲀ ⲞⲨϬⲖ̅[ⲘⲈⲈⲒ] ⲈϤ ⲘⲈϨ Ⲛ̅ⲚⲞⲈⲒⲦ ⲈⲤⲘⲞⲞϢⲈ Ϩ[Ⲓ ⲞⲨ]ϨⲒⲎ ⲈⲤⲞⲨⲎⲞⲨ ⲀⲠⲘⲀⲀϪⲈ Ⲙ̅ⲠϬⲖ̅Ⲙ[Ⲉ]ⲈⲒ ⲞⲨ ⲰϬⲠ ⲀⲠⲚⲞⲈⲒⲦ ϢⲞⲨⲞ Ⲛ̅ⲤⲰⲤ [Ϩ]Ⲓ ⲦⲈϨⲒ Ⲏ ⲚⲈⲤⲤⲞⲞⲨⲚ ⲀⲚ ⲠⲈ ⲚⲈ Ⲙ̅ⲠⲈⲤⲈⲒⲘⲈ ⲈϨⲒⲤⲈ Ⲛ̅ⲦⲀⲢⲈⲤⲠⲰϨ ⲈϨⲞⲨⲚ ⲈⲠⲈⲤⲎⲈⲒ ⲀⲤⲔⲀ ⲠϬⲖ̅ⲘⲈⲈⲒ ⲀⲠⲈⲤⲎⲦ ⲀⲤϨⲈ ⲈⲢⲞϤ ⲈϤ ϢⲞⲨⲈⲒⲦ

97. Jesus said, “The kingdom of the Father is even as a woman who was carrying a jar full of meal. While she was walking on a long road, the handle of the jar broke, and the meal spilled out behind her along the road. She did not know it, for she had not noticed the accident. When she reached her house, she put the jar down and found that it was empty.”

*

Ⲛ̀Ⲙ̀ (98) ⲠⲈϪⲈ Ⲓ̅Ⲥ̅ ⲦⲘⲚ̅ⲦⲈⲢⲞ Ⲙ̅ⲠⲈⲒⲰⲦ ⲈⲤⲦⲚ̅ⲦⲰⲚ ⲈⲨⲢⲰⲘⲈ ⲈϤⲞⲨⲰϢ ⲈⲘⲞⲨⲦ ⲞⲨⲢⲰⲘⲈ Ⲙ̅ⲘⲈⲄⲒⲤⲦⲀⲚⲞⲤ ⲀϤϢⲰⲖⲘ Ⲛ̅ ⲦⲤⲎϤⲈ ϨⲘ̅ ⲠⲈϤⲎⲈⲒ ⲀϤϪⲞⲦⲤ̅ Ⲛ̅ⲦϪⲞ ϪⲈ ⲔⲀⲀⲤ ⲈϤⲚⲀⲈⲒⲘⲈ ϪⲈ ⲦⲈϤϬⲒϪ ⲚⲀⲦⲰⲔ ⲈϨⲞⲨⲚ ⲦⲞⲦⲈ ⲀϤϨⲰⲦⲂ̅ Ⲙ̅ⲠⲘⲈⲄⲒⲤⲦⲀⲚⲞⲤ

98. Jesus said, “The kingdom of the Father is even as someone who wanted to kill a strong man. While at home, he drew his sword and thrust it into the wall of his house to find out if his hand would be strong enough to go in. Then he killed the strong man.”

*

ⲛ̀ⲛ̀ (99) ⲡⲉϫⲉ ⲙ̄ⲙⲁⲑⲏⲧⲏⲥ ⲛⲁϥ ϫⲉ ⲛⲉⲕⲥⲛⲏⲩ ⲙⲛ̄ ⲧⲉⲕⲙⲁⲁⲩ ⲥⲉⲁϩⲉⲣⲁⲧⲟⲩ ϩⲓ ⲡⲥⲁ ⲛ ⲃⲟⲗ ⲡⲉϫⲁϥ ⲛⲁⲩ ϫⲉ ⲛⲉⲧⲛ̄ⲛⲉⲉⲓⲙⲁ ⲉϯⲣⲉ ⲙ̄ⲡⲟⲩⲱϣ ⲙ̄ⲡⲁⲉⲓⲱⲧ ⲛⲁⲉⲓ ⲛⲉ ⲛⲁⲥⲛⲏⲩ ⲙⲛ̄ ⲧⲁⲙⲁⲁⲩ ⲛ̄ⲧⲟⲟⲩ ⲡⲉ ⲉⲧⲛⲁ ⲃⲱⲕ ⲉϩⲟⲩⲛ ⲉⲧⲙⲛ̄ⲧⲉⲣⲟ ⲙ̄ⲡⲁⲉⲓⲱⲧ

99. The followers said to him, “Your brothers and your mother are standing outside.”

He said to them, “Those who do the will of my Father are my brothers and my mother. They are the ones who will enter the kingdom of my Father.”

*

+·· (100) ⲁⲩⲧⲥⲉⲃⲉ ⲓ̅ⲥ̅ ⲁⲩⲛⲟⲩⲃ ⲁⲩⲱ ⲡⲉϫⲁⲩ ⲛⲁϥ ϫⲉ ⲛⲉⲧⲏⲡ ⲁⲕⲁⲓⲥⲁⲣ ⲥⲉϣⲓⲧⲉ ⲙ̄ⲙⲟⲛ ⲛ̄ ⲛ̄ϣⲱⲙ ⲡⲉϫⲁϥ ⲛⲁⲩ ϫⲉ ϯ ⲛⲁ ⲕⲁⲓⲥⲁⲣ ⲛ̄ⲕⲁⲓⲥⲁⲣ ϯ ⲛⲁ ⲡⲛⲟⲩⲧⲉ ⲙ̄ⲡⲛⲟⲩⲧⲉ ⲁⲩⲱ ⲡⲉⲧⲉ ⲡⲱⲉⲓ ⲡⲉ ⲙⲁⲧⲛ̄ⲛⲁⲉⲓϥ

100. Jesus said, “One who does not hate his father and mother as I do cannot be my disciple; and one who does not love his father and mother as I do cannot be my disciple.”

*

+·+ (101) ⲡⲉⲧⲁⲙⲉⲥⲧⲉ ⲡⲉϥⲉⲓ[ⲱⲧ] ⲁⲛ ⲙⲛ̄ ⲧⲉϥ ⲙⲁⲁⲩ ⲛ̄ⲧⲁϩⲉ ϥⲛⲁϣⲣ̄ ⲙ[ⲁⲑⲏⲧ]ⲏⲥ ⲛⲁⲉⲓ ⲁⲛ ⲁⲩⲱ ⲡⲉⲧⲁⲙⲣ̄ⲣⲉ ⲡⲉϥ[ⲉⲓⲱⲧ ⲁⲛ ⲙ]ⲛ̄ ⲧⲉϥ ⲙⲁⲁⲩ ⲛ̄ⲧⲁϩⲉ ϥⲛⲁϣⲣ̄ ⲙ[ⲁⲑⲏⲧⲏⲥ ⲛⲁ] ⲉⲓ ⲁⲛ ⲧⲁⲙⲁⲁⲩ ⲅⲁⲣ ⲛ̄ⲧⲁⲥ [· · · · · · · · · ·] [· ·]ⲟⲗ ⲧⲁ[ⲙⲁⲁ]ⲩ ⲇⲉ ⲙ̄ⲙⲉ ⲁⲥϯ ⲛⲁⲉⲓ ⲙ̄ⲡⲱⲛϩ

101. “One who does not hate [his father] and mother as I do cannot be my [disciple], and one who does [not] love [his father and] mother as I do cannot be my [disciple]. For my mother [...], but my true [mother] gave me life.”

*

+·ⲫ (102) ⲡⲉϫⲉ ⲓ̄ⲥ̄ [ϫⲉ ⲟ]ⲩⲟⲉⲓ ⲛⲁⲩ ⲙ̄ⲫⲁⲣⲓⲥⲁⲓⲟⲥ ϫⲉ ⲉⲩⲉⲓⲛⲉ [ⲛ̄ⲛ]ⲟⲩⲟⲩϩⲟⲣ ⲉϥⲛ̄ⲕⲟⲧⲕ ϩⲓϫⲛ̄ ⲡⲟⲩ ⲟⲛⲉϥ ⲛ̄ϩ[ⲛ̄]ⲛⲉϩⲟⲟⲩ ϫⲉ ⲟⲩⲧⲉ ϥⲟⲩⲱⲙ ⲁⲛ ⲟⲩⲧⲉ ϥⲕ[ⲱ] ⲁⲛ ⲛ̄ⲛⲉϩⲟⲟⲩ ⲉⲟⲩⲱⲙ

102. Jesus said, “Damn the Pharisees, for they are even as a dog sleeping in the cattle manger, for it neither eats nor lets the cattle eat.”

*

+·ⲝ (103) ⲡⲉϫⲉ ⲓ̅ⲥ̅ ϫⲉ ⲟⲩⲙⲁ[ⲕⲁ]ⲣⲓⲟⲥ ⲡⲉ ⲡⲣⲱⲙⲉ ⲡⲁⲉⲓ ⲉⲧⲥⲟⲟⲩⲛ ϫⲉ ϩⲛ̅ ⲁϣ ⲙ̅ⲙⲉⲣⲟⲥ ⲉⲛⲗⲏⲥⲧⲏⲥ ⲛⲏⲩ ⲉϩⲟⲩⲛ ϣⲓⲛⲁ [ⲉϥ]ⲛⲁⲧⲱⲟⲩⲛ ⲛ̅ϥⲥⲱⲟⲩϩ ⲛ̅ⲧⲉϥ ⲙⲛ̅ⲧ̅ⲉ[ⲣⲟ] ⲁⲩⲱ ⲛ̅ϥⲙⲟⲩⲣ ⲙ̅ⲙⲟϥ ⲉϫⲛ̅ ⲧⲉϥ ϯⲡⲉ ϩ[ⲁ] ⲧⲉϩⲏ ⲉⲙⲡⲁⲧⲟⲩⲉⲓ ⲉϩⲟⲩⲛ

103. Jesus said, "Blessed is the person who knows where the robbers are going to enter, so that he may rise, brace himself, and grab a weapon before they break in."

*

+·ϧ (104) ⲡⲉ ϫⲁⲩ ⲛ̅ⲓ̅ⲥ̅ ϫⲉ ⲁⲙⲟⲩ ⲛ̅ⲧⲛ̅ϣⲗⲏⲗ ⲙ̅ⲡⲟⲟⲩ ⲁⲩⲱ ⲛ̅ⲧⲛ̅ⲣ̅ⲛⲏⲥⲧⲉⲩⲉ ⲡⲉϫⲉ ⲓ̅ⲥ̅ ϫⲉ ⲟⲩ ⲅⲁⲣ ⲡⲉ ⲡⲛⲟⲃⲉ ⲛ̅ⲧⲁⲉⲓⲁⲁϥ ⲏ ⲛ̅ⲧⲁⲩϫⲣⲟ ⲉⲣⲟⲉⲓ ϩⲛ̅ ⲟⲩ ⲁⲗⲗⲁ ϩⲟⲧⲁⲛ ⲉⲣϣⲁⲛ ⲡⲛⲩⲙⲫⲓⲟⲥ ⲉⲓ ⲉⲃⲟⲗ ϩⲙ̅ ⲡⲛⲩⲙⲫⲱⲛ ⲧⲟⲧⲉ ⲙⲁⲣⲟⲩⲛⲏ ⲥⲧⲉⲩⲉ ⲁⲩⲱ ⲙⲁⲣⲟⲩϣⲗⲏⲗ

104. They said to Jesus, "Come, let us pray today and let us fast."

Jesus said, "What for? What sins have I committed, or what commands have I transgressed? Rather, when the bridegroom leaves the bridal chamber, then let people fast and pray."

*

+·ϩ (105) ⲡⲉϫⲉ ⲓ̅ⲥ̅ ϫⲉ ⲡⲉ ⲧⲛⲁⲥⲟⲩⲱⲛ ⲡⲉⲓⲱⲧ ⲙⲛ̅ ⲧⲙⲁⲁⲩ ⲥⲉⲛⲁⲙⲟⲩ ⲧⲉ ⲉⲣⲟϥ ϫⲉ ⲡϣⲏⲣⲉ ⲙ̅ⲡⲟⲣⲛⲏ

105. Jesus said, “One who knows father and mother shall be called the child of a harlot.”

*

+·ⲋ (106) ⲡⲉϫⲉ ⲓ̅ⲥ̅ ϫⲉ ϩⲟⲧⲁⲛ ⲉⲧⲉⲧⲛ̄ϣⲁⲣ̄ ⲡⲥⲛⲁⲩ ⲟⲩⲁ ⲧⲉⲧⲛⲁϣⲱ ⲡⲉ ⲛ̄ϣⲏⲣⲉ ⲙ̄ⲡⲣⲱⲙⲉ ⲁⲩⲱ ⲉⲧⲉⲧⲛ̄ϣⲁⲛ ϫⲟⲟⲥ ϫⲉ ⲡⲧⲟⲟⲩ ⲡⲱⲱⲛⲉ ⲉⲃⲟⲗ ϥⲛⲁ ⲡⲱⲱⲛⲉ

106. Jesus said, “When you make the two into one, you shall become sons of man, and when you say ‘Mountain, move away!’ it will move away.”

*

+·ⲣ (107) ⲡⲉϫⲉ ⲓ̅ⲥ̅ ϫⲉ ⲧⲙⲛ̄ⲧⲉⲣⲟ ⲉⲥⲧⲛ̄ⲧⲱⲛ ⲉⲩⲣⲱⲙⲉ ⲛ̄ϣⲱⲥ ⲉⲩⲛ̄ⲧⲁϥ ⲙ̄ⲙⲁⲩ ⲛ̄ϣⲉ ⲛ̄ ⲉⲥⲟⲟⲩ ⲁⲟⲩⲁ ⲛ̄ϩⲏⲧⲟⲩ ⲥⲱⲣⲙ ⲉⲡⲛⲟϭ ⲡⲉ ⲁϥⲕⲱ ⲙ̄ⲡⲥⲧⲉⲯⲓⲧ ⲁϥϣⲓⲛⲉ ⲛ̄ⲥⲁ ⲡⲓⲟⲩⲁ ϣⲁⲛⲧⲉϥϩⲉ ⲉⲣⲟϥ ⲛ̄ⲧⲁⲣⲉϥϩⲓⲥⲉ ⲡⲉϫⲁϥ ⲙ̄ⲡⲉⲥⲟⲟⲩ ϫⲉ ϯⲟⲩⲟϣⲕ ⲡⲁⲣⲁ ⲡⲥⲧⲉⲯⲓⲧ

107. Jesus said, “The kingdom is just like a shepherd who had a hundred sheep. One of them, the largest, got lost. The shepherd left the ninety-nine and sought the one that went astray until he found it. After he had laboured, having gone to this trouble, he said to the sheep, ‘I love you more than the ninety-one.’”

*

ⲣ̀·ⲙ̇ (108) ⲡⲉϫⲉ ⲓ̅ⲥ̅ ϫⲉ ⲡⲉⲧⲁⲥⲱ ⲉⲃⲟⲗ ϩⲛ̅ ⲧⲁⲧⲁⲡⲣⲟ ϥⲛⲁϣⲱⲡⲉ ⲛ̅ⲧⲁϩⲉ ⲁⲛⲟⲕ ϩⲱ ϯⲛⲁϣⲱⲡⲉ ⲉⲛⲧⲟϥ ⲡⲉ ⲁⲩⲱ ⲛⲉⲑⲏⲡ ⲛⲁⲟⲩⲱⲛϩ ⲉⲣⲟϥ

108. Jesus said, “One who drinks from my mouth shall be as I am; I myself shall become that person, and the hidden things shall be revealed to that one.

*

ⲣ̀·ⲛ̇ (109) ⲡⲉϫⲉ ⲓ̅ⲥ̅ ϫⲉ ⲧⲙⲛ̅ⲧⲉⲣⲟ ⲉⲥⲧⲛ̅ⲧⲱⲛ ⲉⲩⲣⲱ ⲙⲉ ⲉⲩⲛ̅ⲧⲁϥ ⲙ̅ⲙⲁⲩ ϩⲛ̅ ⲧⲉϥⲥⲱϣⲉ ⲛ̅ⲛⲟⲩ ⲉϩⲟ ⲉϥϩⲏ[ⲡ ⲉ]ϥⲟ ⲛ̅ⲁⲧⲥⲟⲟⲩⲛ ⲉⲣⲟϥ ⲁⲩ ⲱ ⲙ̅[ⲙⲛ̅ⲛⲥⲁ ⲧ]ⲣⲉϥⲙⲟⲩ ⲁϥⲕⲁⲁϥ ⲙ̅ⲡⲉϥ [ϣⲏⲣⲉ ⲛⲉ]ⲡϣⲏⲣⲉ ⲥⲟⲟⲩⲛ ⲁⲛ ⲁϥϥⲓ ⲧⲥⲱϣⲉ ⲉⲧⲙ̅ⲙⲁⲩ ⲁϥⲧⲁⲁⲥ [ⲉⲃⲟ]ⲗ ⲁⲩⲱ ⲡⲉ[ⲛ] ⲧⲁϩⲧⲟⲟⲩⲥ ⲁϥⲉⲓ ⲉϥⲥⲕⲁⲉⲓ ⲁ[ϥϩ]ⲉ ⲁⲡⲉϩⲟ ⲁϥ ⲁⲣⲭⲉⲓ ⲛ̅ϯ ϩⲟⲙⲧ ⲉⲧⲙⲏⲥⲉ ⲛ̅[ⲛⲉ]ⲧϥ̅ⲟⲩⲟϣⲟⲩ

109. Jesus said, “The kingdom is even as a person who had a treasure hidden in his field without knowing of it. When he died, he left the field to his son, who also did not know about the treasure. The son who took over the field sold it. The buyer of the field found the treasure at the time of plowing, and began to lend money at interest to whomever he wished.”

*

++· (110) ⲡⲉϫⲉ ⲓ̅ⲥ̅ ϫⲉ ⲡⲉⲛⲧⲁϩϭⲓⲛⲉ ⲙ̅ⲡⲕⲟⲥⲙⲟⲥ ⲛϥⲣ̅ ⲣⲙ̅ⲙⲁⲟ ⲙⲁⲣⲉϥⲁⲣⲛⲁ ⲙ̅ⲡⲕⲟⲥⲙⲟⲥ

110. Jesus said, "Let someone who has found the world and has become rich give up the world."

*

+++ (111) ⲡⲉϫⲉ ⲓ̅ⲥ̅ ϫⲉ ⲙ̅ⲡⲏⲩⲉ ⲛⲁϭⲱⲗ ⲁⲩⲱ ⲡⲕⲁϩ ⲙ̅ⲡⲉⲧⲛ̅ⲙ̅ⲧⲟ ⲉⲃⲟⲗ ⲁⲩⲱ ⲡⲉⲧⲟⲛϩ ⲉⲃⲟⲗ ϩⲛ̅ ⲡⲉⲧⲟⲛϩ ϥⲛⲁⲛⲁⲩ ⲁⲛ ⲉⲙⲟⲩ ⲟⲩⲭ ϩⲟⲧⲓ ⲉⲓ̅ⲥ̅ ϫⲱ ⲙ̅ⲙⲟⲥ ϫⲉ ⲡⲉⲧⲁϩⲉ ⲉⲣⲟϥ ⲟⲩⲁⲁϥ ⲡⲕⲟⲥ ⲙⲟⲥ ⲙ̅ⲡϣⲁ ⲙ̅ⲙⲟϥ ⲁⲛ

111. Jesus said, "The heavens and the earth will roll up in your presence, and whosoever lives in the Living One will never see death."

Does not Jesus say, "He who has found himself, of him the world is not worthy?"

*

++ϕ (112) ⲡⲉϫⲉ ⲓ̅ⲥ̅ ϫⲉ ⲟⲩⲟⲉⲓ ⲛ̅ⲧⲥⲁⲣⲝ ⲧⲁⲉⲓ ⲉⲧⲟϣⲉ ⲛ̅ⲧⲯⲩⲭⲏ ⲟⲩⲟⲉⲓ ⲛ̅ⲧⲯⲩⲭⲏ ⲧⲁⲉⲓ ⲉⲧⲟϣⲉ ⲛ̅ⲧⲥⲁⲣⲝ

112. Jesus said, "Woe to the flesh that depends on the soul. Woe to the soul that depends on the flesh."

*

++ⲝ (113) ⲡⲉϫⲁⲩ ⲛⲁϥ ⲛ̄ϭⲓ ⲛⲉϥⲙⲁⲑⲏⲧⲏⲥ ϫⲉ ⲧⲙⲛ̄ⲧⲉⲣⲟ ⲉⲥⲛ̄ⲛⲏⲩ ⲛ̄ⲁϣ ⲛ̄ϩⲟⲟⲩ ⲉⲥⲛ̄ⲛⲏⲩ ⲁⲛ ϩⲛ̄ ⲟⲩ ϭⲱϣⲧ ⲉⲃⲟⲗ ⲉⲩⲛⲁϫⲟⲟⲥ ⲁⲛ ϫⲉ ⲉⲓⲥϩⲏⲏ ⲧⲉ ⲙ̄ⲡⲓⲥⲁ ⲏ ⲉⲓⲥϩⲏⲏⲧⲉ ⲧⲏ ⲁⲗⲗⲁ ⲧⲙⲛ̄ⲧⲉⲣⲟ ⲙ̄ⲡⲉⲓⲱⲧ ⲉⲥⲡⲟⲣϣ ⲉⲃⲟⲗ ϩⲓϫⲙ̄ ⲡⲕⲁϩ ⲁⲩⲱ ⲣ̄ⲣⲱⲙⲉ ⲛⲁⲩ ⲁⲛ ⲉⲣⲟⲥ

113. His disciples said to him, “When will the kingdom come?”

He said, “It will not come when one expects it. It will not be said, ‘Look here,’ or ‘Look there.’ Rather, the kingdom of the Father is spread out upon the earth, and people see it not.”

*

++ϧ (114) ⲡⲉϫⲉ ⲥⲓⲙⲱⲛ ⲡⲉⲧⲣⲟⲥ ⲛⲁⲩ ϫⲉ ⲙⲁⲣⲉ ⲙⲁⲣⲓϩⲁⲙ ⲉⲓ ⲉⲃⲟⲗ ⲛ̄ϩⲏⲧⲛ̄ ϫⲉ ⲛ̄ⲥϩⲓⲟⲙⲉ ⲙ̄ⲡϣⲁ ⲁⲛ ⲙ̄ⲡⲱⲛϩ ⲡⲉϫⲉ ⲓ̄ⲥ̄ ϫⲉ ⲉⲓⲥϩⲏⲏⲧⲉ ⲁⲛⲟⲕ ϯⲛⲁⲥⲱⲕ ⲙ̄ⲙⲟⲥ ϫⲉ ⲕⲁⲁⲥ ⲉⲉⲓⲛⲁⲁⲥ ⲛ̄ϩⲟⲟⲩⲧ ϣⲓⲛⲁ ⲉⲥⲛⲁϣⲱ ⲡⲉ ϩⲱⲱⲥ ⲛ̄ⲟⲩⲡⲛ̄ⲁ̄ ⲉϥⲟⲛϩ ⲉϥⲉⲓⲛⲉ ⲙ̄ ⲙⲱⲧⲛ̄ ⲛ̄ϩⲟⲟⲩⲧ ϫⲉ ⲥϩⲓⲙⲉ ⲛⲓⲙ ⲉⲥⲛⲁⲁⲥ ⲛ̄ϩⲟⲟⲩⲧ ⲥⲛⲁⲃⲱⲕ ⲉϩⲟⲩⲛ ⲉⲧⲙⲛ̄ⲧⲉⲣⲟ ⲛⲙ̄ⲡⲏⲩⲉ

ⲡⲉⲩⲁⲅⲅⲉⲗⲓⲟⲛ ⲡⲕⲁⲧⲁ ⲑⲱⲙⲁⲥ

114. Simon Peter said to them, “Mary should leave us, for women are not worthy of life.”

Jesus said, “Look, I shall lead her so that I can make her male, and thus she too may become a living spirit resembling you, males. For every woman who makes herself male will enter the kingdom of heaven."

This is the Gospel according to Thomas.

www.ingramcontent.com/pod-product-compliance
Ingram Content Group UK Ltd.
Pitfield, Milton Keynes, MK11 3LW, UK
UKHW041837200726
13854UKWH00003BA/1187